Daniel Meurois

DAS LABYRINTH UNSERES KARMAS

Unseren Seelenvertrag
entschlüsseln und verstehen

Aus dem Französischen von Anja Schmidtke

SILBERSCHNUR VERLAG

ISBN: 978-3-96933-091-3

1. Auflage 2024

Übersetzung: Anja Schmidtke
Gestaltung & Satz: Beeg | graphics, Kirchheimbolanden
Umschlaggestaltung: XPresentation, Güllesheim; unter Verwendung eines Motivs von
© Shutterstock AI Generator, shutterstock.com
Druck: PB Tisk, a.s. Czech Republic

Verlag »Die Silberschnur« GmbH · Steinstr. 1 · 56593 Güllesheim
www.silberschnur.de · info@silberschnur.de

Daniel Meurois

Das Labyrinth unseres Karmas

Für alle, die beschlossen haben,
die Welt mit mehr Wahrheit und Liebe
zu erhellen und es zu wagen,
sich an ihren allerersten Atem zu erinnern.

In der Hoffnung, dass jeder von uns,
wenn er dieses Leben verlässt, sagen kann:
»Ich habe mein Bestes gegeben ...«

Inhalt

Vorwort

Gerade hatte ich einen Vortrag gehalten, und einige Zuhörer eilten mit einem Buch in der Hand zu mir, um traditionell ihr Exemplar von mir signieren zu lassen.

Eine Buchsignatur ist immer ein besonderer Moment der Nähe, Blickwechsel und (oft unausgesprochenen) Worte, mitunter auch Umarmungen. An jenem Abend war ganz besonders viel Herzenswärme zu spüren.

Ab und zu allerdings, während mir die Bücher nacheinander vorgelegt wurden, konnte ich nicht anders, als immer wieder den Kopf zu heben und in eine bestimmte Richtung zu blicken.

Ein paar Schritte von der Menge entfernt stand eine Frau mittleren Alters. Sie starrte mich an, offensichtlich auf die Gelegenheit wartend, mich allein unter vier Augen zu sprechen.

Es war ein Verhalten, das regelmäßig manche Menschen an den Tag legen, deren Worte und Beweggründe mitunter ziemlich überraschend sein können. Schon seit langer Zeit hatte ich immer wieder dieses Auftreten beobachtet.

Dennoch schien es mir im gedämpften Licht jenes späten Abends so, dass es sich hier etwas anders verhielt. In den Augen dieser Frau, die auf ihren Moment hoffte, lag tiefer Schmerz, eine Art Geschundenheit der Seele.

Als wir dann schließlich allein waren, aber auch schon die Saaltechniker geräuschvoll ihre Ausrüstung zusammenpackten, trat die Frau auf mich zu und fragte mich, ob sie sich auf den leeren Stuhl setzen könnte, der hinter meinem Tisch stehen geblieben war. Sie zitterte leicht und war ganz offensichtlich erschöpft.

Ich weiß noch, wie sie ungeschickt versuchte, meine Hand zu nehmen.

»Bitte, Monsieur, erklären Sie mir ... Ich kann einfach nicht mehr.«

Und ohne dass ich noch irgendwelche Zeit hatte, auf ihre sichtbare Verzweiflung einzugehen, breitete die Frau sofort eilig ihr gesamtes Leben vor mir aus, das sie zu mir geführt hatte.

Als Kind eines unbekannten Vaters war sie von ihrer Mutter mehr schlecht als recht in sehr bescheidenen Verhältnissen großgezogen worden. Sie heiratete jung, um ihrer traurigen, schweren Kindheit zu entfliehen. Einige Jahre später jedoch wurde sie schon zur Witwe: Ihr Mann, ein Bauhandwerker, war von einem Gerüst gestürzt, und sie blieb mit zwei Kleinkindern und einem unsicheren Arbeitsplatz allein zurück.

Etwa zehn Jahre nach diesem Ereignis heiratete sie erneut einen Mann, der sich aber nach und nach als alkoholabhängig und gewalttätig entpuppte. Auch diese Beziehung endete auf eine dramatische Art und Weise. Der Mann starb plötzlich bei einem Verkehrsunfall und riss dabei auch ihren 16-jährigen Sohn mit in den Tod, den sie ihm für wenige Stunden anvertraut hatte.

Ein Abgrund tat sich vor ihr auf ... Sie kämpfte darum, sich über Wasser zu halten, unterstützt von einer ganzen

Palette angstlösender Medikamente. So vergingen fünf oder sechs Jahre, die von finanziellen Schwierigkeiten durchzogen waren, bis ihre Tochter wie selbstverständlich von zu Hause auszog, um mit einem Mann zusammenzuziehen, der ebenfalls gewalttätig war, als sei es ein unabwendbares Schicksal ...

Und nun saß sie hier neben mir, noch unter dem Schock ihres letzten Arzttermins. Ihr war gerade Darmkrebs diagnostiziert worden.

Ohne Tränen, auch ohne Klagen, aber unendlich erschöpft in einem Abgrund der Fassungslosigkeit.

Ich weiß nicht mehr, welche Antworten ich auf die »Warums« dieser Frau fand, die von den Prüfungen ihres Lebens völlig aufgerieben worden war. Ich weiß nur noch, dass wir redeten, bis wir freundlich, aber bestimmt vom Hausmeister nach draußen befördert wurden. Es gibt in solchen Fällen keine vorgefertigten Erklärungen. Es gibt auch kein »Trostpflaster«.

Dennoch kann ich heute sagen, nachdem viele Jahre vergangen sind und Spuren in mir hinterlassen haben, dass dieses Buch vor allem deshalb existiert, um zu versuchen, auf die unzähligen Fragen, die Verzweiflung und die Ängste aller zu antworten, die wie diese Frau, der ich an jenem Abend begegnete, hilflos den Schwierigkeiten ihres Lebens ausgeliefert sind. Es sind Schwierigkeiten oder gar Dramen, die manchmal nicht enden zu wollen scheinen, auch Ungerechtigkeiten, die das Gesicht des Unerklärlichen oder Unannehmbaren und auch von Krankheiten oder verhängnisvollen Verhaltensmustern tragen, in die wir immer wieder neu geraten.

Zum Glück sind natürlich nicht alle Lebenswege so furchtbar wie der oben geschilderte. Das heißt allerdings nicht, dass wir nicht alle unsere Last zu tragen haben, dass einige Leben wie ein »Spießrutenlauf« anmuten und viele von uns verzweifelt sind und keinen Sinn hinter den (mitunter immer wieder neuen) Schicksalsschlägen erkennen können, die ihren Weg pflastern.

Warum so viele Trennungen, Verluste, Trauerfälle, Schwierigkeiten, unseren Platz in der Welt zu finden, verschlossene Türen, verpasste Chancen oder wiederkehrende gesundheitliche Probleme? Ja, warum? Nur allzu oft lassen wir uns dann davon entmutigen, resignieren oder lehnen uns dagegen auf, mit all den dazugehörigen Auswüchsen, und greifen manchmal sogar zu Gewalt als ultimatives Ventil.

Nur selten kommt es dazu, dass wir nachdenken, verstehen und darüber hinauswachsen, da es uns an Werkzeugen fehlt, an »Flügeln«, um uns und die Welt aus einem anderen Blickwinkel betrachten zu können. Und eines Tages sterben wir ... aller Dinge überdrüssig, voller Frustrationen im Gepäck oder, noch schlimmer, voller Zorn, ohne uns bewusst zu sein, dass »all das« uns »auf die andere Seite« folgen wird.

Denn wem oder was sollen wir uns zuwenden in dieser Welt, wenn sich eine Prüfung an die andere reiht?

Einst war die Antwort darauf recht einfach: den Priestern und der Religion. Das hat sich radikal geändert - zum Glück, muss ich sagen, denn deren vermeintliche Antworten waren keine ...

Es waren vorgefertigte Argumente, die nur noch geschluckt werden mussten, versteinert in Dogmen, gewürzt mit einer Sauce aus Reue, was zwangsläufig zu einem Gefühl der Unterwerfung unter »Gott« führte und somit auch zu einem Schuldgefühl, von dem man nicht wusste, woher es eigentlich kam. Wir waren Sünder, mussten »unseren Glauben bewahren« und beten, und das war alles, denn mehr gab es nicht zu erstreben.

Zwar ist unsere Menschheit (zumindest im Westen) in wenigen Jahrzehnten in ihrem Bewusstsein nicht unbedingt reifer geworden, aber zumindest hat sie sich von manchen Fesseln befreit, die ein Nachdenken verhindert und einen »Registerwechsel« unterbunden haben. Und auch wenn nicht alle Menschen zum Besten ihres Bewusstseins davon profitieren, steht ihnen heute trotzdem die Tür zu einem befreienden Wandel offen.

Man muss daher auch den Mut haben zu sagen, dass dieses Buch auch deshalb existiert, weil weltweit die religiösen Systeme versagt haben, die von Anfang an ihren Lehrauftrag nicht geleistet haben. Zu glauben bedeutet weder zu wissen noch zu verstehen oder gar zu kennen, um schließlich zu verinnerlichen. *Glaubensbekenntnisse erwecken nicht, sondern beruhigen, hypnotisieren und schläfern ein.*

Ich möchte diesen Systemen hier ganz sicher nicht den Prozess machen. Sie hatten ihre Daseinsberechtigung, aber wie alles, das einen Anfang hat, werden sie logischerweise auch einen Niedergang erfahren und wenn die Zeit gekommen ist, auch eine Art selbst herbeigeführten Erstickungstod. Alles ist eine Frage von Zyklen.

In Wirklichkeit lässt sich das Problem, vor dem unsere Menschheit steht, recht einfach beschreiben – was aber nicht bedeutet, dass es leicht zu lösen ist.

Es lässt sich in wenigen Worten zusammenfassen: Wir kommen ohne besondere Gebrauchsanleitung für uns selbst auf die Welt, und nur sehr wenige verstehen, dass sich der »Bedienungsleitfaden«, den sie bräuchten, in ihnen selbst befindet, so wie auch die Betriebsanleitung eines Computers nur »irgendwo« in seinem internen Speicher zu finden ist. Vielleicht ist die Analogie ja etwas gewagt und vereinfachend, aber sie ist durchaus anschaulich.

Natürlich können wir außerhalb unserer selbst danach suchen, was eventuell »nicht klappt« und »wie etwas geht«. Aber letztendlich müssen wir immer in unserem *Inneren* graben, um Antworten zutage zu fördern, denn weit über unser bewusstes Gedächtnis hinaus existiert noch eines, das sorgfältig in unseren Tiefen verborgen ist. Es enthält unsere wichtigsten Schlüssel zu dem Wesen, das wir im Grunde sind, und zu den wahren treibenden Kräften unserer Erfahrungen.

Zu existieren bedeutet nicht zu leben, denn zu leben bedeutet nicht, abgetrennt vom »Wie« und »Warum« zu schlafwandeln. Zu leben bedeutet im Gegenteil, einen Weg so besonnen wie möglich zu beschreiten - mit dem Willen zu wachsen.

Denn alles liegt genau darin ... *zu wachsen* ..., um nicht zu ertragen und dadurch immer kleiner zu werden.

Wer gerne meinen Gedankengängen auf den nächsten Seiten folgen möchte, um seinen Weg ein wenig heller zu machen, muss allerdings von einer Grundannahme ausgehen: der tatsächlichen Wirklichkeit der Reinkarnation. Zumindest aber muss er offen für die Möglichkeit ihrer Existenz sein, als Ausgangspunkt für ein anderes Verständnis darüber, welchen Sinn unsere Pilgerreisen haben. Schon der Titel dieses Buches macht es klar, denn der Begriff des Karmas an sich beinhaltet ja bereits ein »aufsteigendes Hinabsteigen« in unseren inneren Irrgarten.

Möge das innere Abenteuer, zu dem es einlädt, allen Pilgern des Bewusstseins auf der Suche nach ihrer inneren Wahrheit wunderbare, weite Tore öffnen.

1. Kapitel

DIE TREIBENDE KRAFT DER REINKARNATION

In unserer westlichen Gesellschaft sorgt die Idee der Reinkarnation immer noch für Schulterzucken oder ist für Witzeleien gut, aber immerhin wird sie nicht mehr ganz so belächelt wie noch vor wenigen Jahrzehnten.

Wir müssen klar feststellen, dass sie sich still und leise immer weiter durchgesetzt hat.

Offensichtlich wird sie von etwa 25 Prozent der Europäer und Nordamerikaner akzeptiert - wobei drei Viertel dieser 25 Prozent ihre Auffassung einer persönlichen Nahtoderfahrung verdanken sollen.

Das ist ein sehr hoher Anteil, der zum Ausdruck bringt, wie bedeutungsvoll die eigene Erfahrung gegenüber dem reinen Glauben oder der einfachen Meinung ist.

Weltweit sprechen die Zahlen eine noch deutlichere Sprache, da schätzungsweise etwas mehr als die Hälfte der Weltbevölkerung, also etwa dreieinhalb Milliarden Menschen, ganz selbstverständlich dem Begriff der Reinkarnation zustimmen.

Natürlich beweist das rein gar nichts, aber es verdient zumindest die Beschäftigung mit der Frage und allem, was sie nach sich zieht. In diese Richtung lade ich Sie also ein, mich zu begleiten.

Auf welche Quellen werde ich mich dabei stützen oder eher auf welches Ermittlungsinstrument, in einem Bereich, der so wenig greifbar ist? Auf meine natürliche Fähigkeit, mein Bewusstsein von meinem physischen Körper oder, wenn man so will, meine Seele von meinem Fleisch zu lösen. Es ist eine Fähigkeit, die ich mit dem alleinigen Ziel nutze, das innere Räderwerk des Lebens zu verstehen.

Wie immer werde ich also nicht im Namen irgendeiner Philosophie, einer Theorie, eines Glaubens, einer religiösen Tradition und vor allem irgendeines Dogmas sprechen. Ich werde - wie stets - als Zeuge des Unsichtbaren frei sprechen, mit der Aufgabe, den Reisenden, die in dieser Welt der Grobstofflichkeit wandeln und die wir alle sind, Schlüssel zum Verständnis und zur Befriedung an die Hand zu geben.

Was genau ist Reinkarnation?

Reinkarnation ist die Folge eines Naturgesetzes, das die Seele veranlasst, im Laufe der Zeit unterschiedliche Körper zu bewohnen und so eine Vielzahl von Leben unter oft sehr verschiedenen Umständen zu führen. Ihre treibende Kraft ist es, voll und ganz das Leben zu erlernen, mit dem Ziel, zu einer Weisheit zu gelangen, die das Wesen in einen Erleuchtungszustand und zur Befreiung, also zum Ende seines Leids, führen wird, hin zu unendlicher Vollständigkeit.

Die einzelnen Begriffe spielen allerdings keine Rolle, denn sie unterscheiden sich von einer Kultur zur anderen.

Wichtig ist, das Grundprinzip der Reinkarnation zu verstehen: die Notwendigkeit für jedes Bewusstsein, sich weiterzuentwickeln, um sich allmählich aus dem leidvollen Räderwerk der Dualität zu befreien und schließlich in den Zustand des Einsseins zu gelangen.

Es zeigt sich, dass dieses Gesetz von absoluter Gerechtigkeit ist, da es aufgrund seiner inneren Mathematik alle sich ihrer selbst bewussten Wesen veranlasst, vielfältige Erfahrungen im Herzen der grobstofflichen Materie zu machen. Das bringt mich zu der Feststellung, dass die Grobstofflichkeit der genaueste und unparteiischste Lehrer ist - und damit auch der unnachgiebigste, aber zugleich auch großzügigste und liebevollste Meister.

Das anzuerkennen und intellektuell zu verstehen, fällt insgesamt nicht schwer, wenn wir es schaffen, uns ein wenig von der Prägung durch unsere westliche Kultur zu lösen. Dann sagen wir uns einfach: »Warum nicht?«, und unser Verstand gibt sich rasch mit einer für ihn annehmbaren Philosophie zufrieden, über die sich freundlich am Tisch plaudern lässt und in der auch die Logik ihren Platz findet.

Aber was kommt dann? Nichts oder nicht viel, denn das wahre Verständnis der Reinkarnationsmechanismen und all dessen, was daraus folgt, erwächst nicht aus dem Bekenntnis zu irgendeiner philosophischen Lehre, da es nicht den Verstand anspricht, der gerne argumentiert und sich selbst zuhört. Es vernichtet ihn. Es verlangt eine Verinnerlichung, die bis hinein in die Zellen des Wesens reichen muss. Genau in diese Richtung möchte ich gemeinsam mit Ihnen gehen.

Was reinkarniert eigentlich?

Die Frage kann überraschen, aber sie ist durchaus angebracht und gerechtfertigt in einer Welt, in der wir in metaphysischen Fragen gerne alles genauestens sezieren, weil wir Freude am Diskurs haben und uns das Komplexe realistischer und glaubwürdiger erscheint als das Einfache.

Darin liegt der Unterschied zwischen einer streng metaphysischen Vorgehensweise und der spirituellen Suche im eigentlichen Sinne. Erstere ist zwar wichtig, nobel und respektabel, aber wenn wir uns »im Selbst« weiterentwickeln wollen, dürfen wir da nicht halt machen.

Ich erinnere mich noch an die intensiven Gespräche, in denen ich mich früher häufig verfangen habe und »man« versucht hat, mir zu zeigen, dass *»das«*, was reinkarniert, nichts anderes ist als eine Art Bewusstseinsparzelle, die Erinnerungen oder Illusionen von Erinnerungen weiterträgt. Es handelte sich also um einen Funken, der in einem Geflecht aus unbekannten Umständen mittels Anziehung einen mehr oder weniger zu ihm passenden fleischlichen Körper fand.

Nach dieser Theorie reinkarniert also keine individualisierte Seele, sondern eine Art Wesens- und Erfahrungs-»Duft« einer Persönlichkeit, die sich für immer aufgelöst hat. Demnach hinterlässt also jede Lebensform, die verschwindet, automatisch und unbewusst ein »Schwingungsvermächtnis«, das eine andere Lebensform, die geboren wird, zumindest in einem gewissen Maße übernimmt.

Wie es so schön heißt: »Warum einfach, wenn es auch kompliziert geht?«

In Wirklichkeit verhält es sich ganz anders, denn es ist eine Individualität, die reinkarniert (also »wieder Fleisch wird«), sonst ergäbe das Konzept der Lehrzeit des Lebens gar keinen Sinn. Der unvermeidliche Verlust der Identität, den die »Funken-Theorie« bedeutet, motiviert ja auch nicht gerade dazu, »an sich selbst zu arbeiten«! Wenn wir leben und lernen, auch wenn wir ab und zu dabei stolpern, ist es nur logisch, dass wir dann auch die Früchte unserer Lektionen ernten - und genau das geschieht auch.

Die Natur des Egos

Bekanntlich hat das Ego einen ziemlich schlechten Ruf. Wir sehen es als Ursprung aller Probleme, als Triebfeder aller Konflikte, die mit dem berüchtigten »Ich« beginnen, mit dem sich jeder Mensch morgens beim Aufwachen identifiziert.

Es ist eine Wirklichkeit, die wir nicht leugnen können, die aber nur eine sehr beschränkte Teilsicht der Dinge widerspiegelt. Tatsächlich ist das, was wir Ego nennen, nicht einfach nur eine Last. Es ist die Stütze unserer Persönlichkeit, und es ermöglicht ihr, sich von anderen zu unterscheiden und ihren freien Willen, ihre Vorlieben, ihre Stärken und Schwächen zum Ausdruck zu bringen.

Es ist ein unerlässliches Werkzeug, um uns unserer selbst bewusst zu werden, also unseres eigenen Lebens und der Autonomie des Denkens darin. Kurz gesagt ist unser Ego ein unabdingbares Instrument zur Weiterentwicklung unseres Wesens.

Wie jedes Instrument ist es neutral. Alles hängt also davon ab, wie wir es nutzen. Es ist der »Ort« der Entscheidungen, der Boden jeden Wachstums und auch der Raum, in dem wir einschlummern und stecken bleiben können.

Ist es das Ego, das reinkarniert? *Nicht nur*, denn unsere »Ichs« unterscheiden sich von Leben zu Leben in ihrer Intensität und »Färbung«, das heißt in ihren Empfindsamkeiten. Das Ego ist ein Werkzeug, die Verlängerung einer ihm vorgelagerten Wirklichkeit.

Wir können das Ego daher als außergewöhnlichen Schlüssel zur Weiterentwicklung betrachten, der uns von der Intelligenz des Lebens an einem Punkt unserer Entwicklung geschenkt wird, aber ganz sicher nicht als *den* Atem, der uns von einem Leben zum nächsten trägt.

Die Natur der Seele

Was also reinkarniert? Die Seele? Tatsächlich wird dieses Wort in diesem Zusammenhang meistens verwendet. Es ist ja durchaus flexibel und praktisch.

Ich finde ihn allerdings nicht wirklich zufriedenstellend, wenn man vorher nicht genau festgelegt hat, was man darunter versteht, denn der Begriff kann auch leicht religiös gefärbt sein. Sprechen Sie mit einem Psychologen also nicht über die Seele! In seinem Berufsfeld würde er darunter etwas anderes verstehen.

Es ist also eher ein Sammelbegriff, der nicht für jeden dasselbe und je nach den Umständen etwas anderes bedeutet.

Ich persönlich entscheide mich dafür, ihn in bestimmten Zusammenhängen weiter zu verwenden und dabei niemals

als Worthülse zu gebrauchen. Warum? Weil er, so vage er auch ist, trotz allem eine heilige Dimension transportiert, die ich unerlässlich finde, wenn wir versuchen wollen, die Mysterien des Lebendigen zu ergründen.

Die Psychologie und die Psychoanalyse, die ja den Begriff der *Psyche* verwenden, vergessen allerdings häufig seinen griechischen Ursprung, der ebenfalls eine gewisse Heiligkeit vermittelt, denn das griechische *psukein* bedeutet nichts weniger als *atmen*.

Der *Atem* ... Für Pythagoras und die Menschen von einst war es unweigerlich der Atem des Lebens. Akademische Lehre hin oder her – wir kommen immer wieder darauf zurück!

Aber trotzdem sagt uns all das nicht, wie denn die Seele definiert werden könnte ...

Nach meinem Verständnis ist sie eine »vielschichtige« Wirklichkeit, ein Prinzip aus mehreren Schichten, die ineinandergreifen, um ein »Schwingungsuniversum« zu erschaffen, das dazu bestimmt ist, einen fleischlichen Organismus im eigentlichen Sinne des Begriffs »mit Leben zu erfüllen«.

Diese energetischen Schichten gehören im Wesentlichen drei großen Ordnungen an, die inneren Räumen des Wesens entsprechen. Jeder weist dabei eine eigene feinstoffliche Biologie auf.

Der Begriff der Seele lässt sich also, ohne ins Detail zu gehen, als Kombination

- *eines emotionalen Körpers,*
- *eines Mentalkörpers und*
- *eines kausalen Körpers*

zusammenfassen.

Alle diese Körper - oder Schwingungswirklichkeiten - sind je nach dem Grad der Fluidität füreinander durchlässig.

Die ersten beiden definieren sich von selbst, da die Welten der Gefühle und der Gedanken (oder des Intellekts) sich klar und deutlich in unserem Alltag zeigen. Sie sind die wichtigsten Architekten des grundlegenden Egos mit seinen emotionalen Bedürfnissen und seinem unbedingten Verlangen, sich auf jede erdenkliche Art und Weise zu bestätigen, dass es »existiert«.

Für den an dritter Stelle erwähnten kausalen Körper braucht es für die meisten von uns eine kleine Erklärung. Kurz gesagt transportiert und übersetzt er die Erinnerung daran, was wir in Wirklichkeit sind, ohne Tricks oder Mogeleien. Da er alles speichert, was wir als Individualitäten erschaffen haben, spricht er von den Ursachen aller unserer Erfahrungen - und damit auch von ihren jetzigen Konsequenzen.

Unser kausaler Körper ist somit der feinstoffliche Raum, in dem das gewoben wird, was wir etwas zu vereinfachend und ziemlich fatalistisch, als unser Schicksal bezeichnen.

Faktisch sind es diese drei, der emotionale, der mentale und der kausale Körper, die in einer engen Beziehung zueinander reinkarnieren und dabei ein Ego erschaffen, das die Wirklichkeit der Seele übersetzt und durchscheinen lässt.[1]

Klar muss sein, dass die Seele an sich keine Persönlichkeit besitzt, da sie ein Prinzip ist, das von einem Leben zum anderen eine andere »Maske« trägt und daher viele verschiedene Eigenheiten zum Ausdruck bringt, je nachdem, welche Rolle sie spielen muss, während sie sich in die Materie hinein ver-

[1] *Siehe »Advaita«, 2. Kapitel desselben Autors.*

längert, um sich weiterzuentwickeln und sich zu vervollkommnen.

Was wir Ego nennen, ist also tatsächlich die vorübergehende Maske, die die Seele sich für eine Inkarnation zulegt und die im Laufe der Existenzen unterschiedliche Persönlichkeitsmerkmale, Temperamente und vielfältige Eigenschaften zum Ausdruck bringt, um eine Vielzahl von Situationen und Gegebenheiten zu erforschen.

Zusammenfassend lässt sich sagen: Das »Vielschichtigkeitsprinzip« der Seele vereint im Laufe der Zeit eine Aufeinanderfolge von Egos in sich, also unterschiedlichen »Persönlichkeiten«, die im Wesentlichen von ihren Gefühlen und ihrem Intellekt beherrscht und von ihrer kausalen Datenbank gespeist werden, solange sie diese wiederum speisen.

Während unsere Seele stets der Dirigent unserer Leben ist, spielen unsere Egos eine Vielzahl von Rollen darin, wie Musiker, die nicht nur lernen müssen, mehrere Instrumente zu spielen, sondern auch alle möglichen Arten von Noten beherrschen müssen.

Es sei darauf hingewiesen, dass die Wörter »Person« und »Persönlichkeit« vom Lateinischen »persona« abstammen, das »Schauspielermaske« bedeutet.

Daraus lässt sich leicht nachvollziehen, dass die unterschiedlichen Instrumente und Noten, die ich hier als Vergleich nenne, auch das Geschlecht betreffen, in das wir inkarnieren. Auch wenn also eine Seele mit einer (männlichen oder weiblichen) Grundpolarität ausgestattet ist, mit der sie sich durch die Zeit bewegt, können die aufeinanderfolgenden

Egos, mittels derer sie in die Materie »eintaucht«, dennoch die Körper von Männern oder Frauen benutzen, je nachdem, was sie im Leben lernen müssen.

Es ist klar, dass solche Änderungen des Geschlechts mehr oder weniger gut von der inkarnierten Persönlichkeit akzeptiert werden und entsprechend auch zu Leid führen können. Darin liegt auch eine der Erklärungen für Homosexualität.

Was genau ist Karma?

Wenn es einen Begriff gibt, der einer genaueren Erläuterung bedarf, dann das Karma, da es zahlreiche klischeehafte, oft vage Vorstellungen darüber gibt, die sich mitunter widersprechen oder sogar völlig falsch sind.

Wörtlich bedeutet *Karma*, ein Wort aus dem Sanskrit, *Handlung*. Im weiteren Sinne definiert es das Gesetz von Ursache und Wirkung, nach dem jedes menschliche Wesen von einem Leben zum nächsten die Früchte seiner konstruktiven, neutralen oder schädlichen Taten erntet. Man muss wissen, dass dieser Begriff völlig frei von moralischen Vorstellungen ist, so wie wir sie verstehen.

Allerdings sehen wir ihn im Westen meist nicht auf diese Weise, wenn wir ernsthaft oder scherzhaft darauf zu sprechen kommen. Tatsächlich verwenden wir den Begriff fast immer eher abwertend und unter Anspielung auf irgendeine Bestrafung.

Wer hat noch nie den Kommentar gehört, wenn jemand plötzlich vom Leben geprüft wird, nach einem Unfall, einer

Krankheit oder in einer dramatischen Situation: »Das musste eben so kommen - es war Karma!«? Es ist eine leicht dahingesagte Äußerung, immer mit der negativen Konnotation, dass derjenige »eine Schuld abzubezahlen« hatte. Ein leichtfertiges, fast unanfechtbares Urteil mit tragischen, jüdisch-christlichen Untertönen von »Sünde«, die uns ganz selbstverständlich zu den Erben der »Kerne« des ersten Apfels gemacht hat.

Natürlich ist alles, was wir erleben, das Ergebnis zahlreicher früherer Taten - trotzdem müssen wir verstehen, dass eine Prüfung nicht unbedingt die »Bezahlung eines früheren Fehlers« bedeutet.

Genauso wichtig ist zu erkennen, dass eine Anhäufung von Erfolgen nicht automatisch ein Zeichen für hohe Verdienste ist. Es wäre kindisch, in diesen Dualismus zu verfallen! Wir werden das später noch genauer betrachten.

Ich kann mich an ein ehrfürchtiges Gespräch vor vielen Jahren erinnern, das ich zufällig auf einem Konzert einer sehr beliebten Sängerin mitbekam.

»Guck sie dir an - bei der stimmt einfach alles!«

»Da hast du recht, sie ist hübsch, hat Talent, ist reich ...«

»Und was für eine Energie sie hat! Sie muss einfach eine wunderschöne Seele haben!«

Vielleicht hatte sie ja wirklich eine wunderschöne Seele - aber für diese Behauptung gab es keinen Grund, genauso wenig, wie es intelligent, logisch oder gar korrekt wäre, über einen Bettler an einer Straßenecke zu sagen, seine Seele sei sicherlich sehr beladen, um so »bestraft« zu werden.

Das Gesetz des Karmas äußert sich nicht in einer simplen Art und Weise!

Seine hochintelligente Mechanik ähnelt der eines exzellenten Schachspielers, der die Züge und richtigen Positionen seiner Figuren sehr, sehr lange im Voraus plant ... mit dem Unterschied, dass das Schachspiel des Karmas eher »Erfolgsspiel« heißen müsste, da seine Horizontalität immer auch einen Horizont der Vertikalität erfordert.

Aufgrund des ihr innewohnenden Prinzips[2] zieht es eine Seele immer hin zu einer größeren Vervollkommnung, verbunden mit den vielfältigen Erfahrungen und auch Umwälzungen, die ihr die Materie bietet. Sie ist dazu angehalten, sich selbst zu sublimieren, selbst wenn das Ego, durch das sie sich zum Ausdruck bringt, das nicht weiß oder sich dem verweigert, indem es seinen Ursprung leugnet.

Aber davon einmal abgesehen: Wer ist denn eigentlich der wahre Meister dieser berühmten Mechanik des »Schachspielers« oder vielmehr des »Erfolgsspielers«? Die undefinierbare Macht, die wir üblicherweise Gott nennen? Wir brauchen gar nicht so weit zu schauen und damit aus »Ihm« irgendeine Art externen Buchprüfer zu machen. Der einzige Meister unserer Erfahrungen ist niemand anderes als wir selbst auf der jeweiligen Höhe unseres Bewusstseins, also unserer individualisierten Seele.

Dieser Raum unserer Wirklichkeit ist der absolute Dirigent, der rigorose Regisseur der Gleichgewichte und Ungleichgewichte, die einander auf dem Weg unserer Entwicklung ausgleichen.

Während unsere aufeinanderfolgenden Egos glückliche oder unglückliche Akteure »menschlicher Gerechtigkeit« sind,

---

[2] *Siehe Tabelle auf Seite 188*

die den Inkarnationen entsprechend variabel ist, ist unsere Seele der wahre Meister der Gerechtigkeit. Diese Gerechtigkeit lässt sich als Gesetz des Gleichgewichts und der Harmonisierung definieren, dem die vielfältigen Szenarien unterstehen, die wir erleben, um weiter zu wachsen.

Tatsächlich wird jedes einzelne unserer Egos (oder jede einzelne unserer Seelen-Persönlichkeiten) den Prüfungen des Lebens unterzogen, während unsere allumfassende Seele Lehren und Nutzen daraus zieht und sich allmählich sich selbst offenbart, um weiter aufzusteigen ...

Die Illusion des Zufalls

Wenn wir zu verstehen beginnen, auf welcher Ebene die treibenden Kräfte und Motive existieren und logisch angeordnet sind, die aus unseren Leben machen, was sie sind, wird allmählich klar, dass der Begriff »Zufall« keinen Platz mehr in unserem Wortschatz hat, weil er unsinnig ist.

Dann können wir unsere Lebensumstände nicht mehr als Folge eines Würfelspiels betrachten, deren Ursprünge für immer im Verbogenen liegen.[3] Es gibt Aussaat und Ernte, oder, wenn wir so wollen, die Dynamik des Bumerangs und das, was sie uns lehren soll ... Und dann ist da noch die Seele, aus der wir durch zahlreiche Persönlichkeiten hervorgehen und deren Schleier im Laufe unseres Lernprozesses fallen.

---

[3] *Das französische Wort für Zufall, hasard, stammt übrigens aus dem altarabischen yasara, was »mit Würfeln spielen« bedeutet, oder anders ausgedrückt, »etwas dem Zufall überlassen«.*

Mit diesem Verständnis werden wir natürlich alle spontan sagen, dass ein Glücksfall oder das, was wir glücklichen Zufall nennen, unsere gerechte Ernte ist. Aber auch eine gerechte Ernte kann zum Nährboden einer Prüfung werden, während eine Prüfung oder etwas, das wie ein Unglück aussieht, sich als Grundlage künftiger guter Ernten erweisen kann.

Es liegt immer an uns und an der Rolle, die wir spielen, zu entscheiden, was wir aus einem Gewinn oder Verlust, einer »ausgestreckten Hand« oder etwas, das wie eine Sackgasse aussieht, machen. Was wir Gut und Böse nennen, sind meist Komplizen, insoweit es ihre Aufgabe ist, uns dort »abzuholen«, wo wir das Bedürfnis haben »gefunden« zu werden, bei unseren Potenzialen wie auch bei unseren Unzulänglichkeiten.

Wer Symbole zu schätzen weiß, dem sei gesagt, dass Ursachen und Folgen einen der zahlreichen Aspekte der mythischen Schlange Ouroboros ausmachen, die in dem unendlichen Versuch, sich in ihren eigenen Schwanz zu beißen, die Dynamik des Lebens verkörpert. Das »Weniger« ruft nach dem »Mehr«, das »Mehr« akzeptiert die Rolle des »Weniger«, indem es auf seinen Ruf reagiert ... und umgekehrt, bis in alle Ewigkeit ... oder fast.

Oder fast? Ja, in dem Sinne, dass die Mechanik des Karmas nicht wie die eines unendlichen Kreises anzusehen ist. Es hat eine lehrende Funktion, und es mit einer Art endloser universeller Schicksalhaftigkeit zu verbinden, hieße, weder seine Grundlagen noch seinen letztendlichen Zweck zu verstehen.

Es gibt seltene bildhafte Versionen des Ouroboros, in denen der Kreis, der traditionell von der Schlange beschrieben wird, nicht komplett geschlossen ist, sondern eine kleine

Öffnung aufweist. Es ist die Öffnung der Willensfreiheit und der Willensstärke. Sie ist das zentrale Element dieses Buches.

Der vom Ouroboros beschriebene Kreis kann sich in beide Richtungen drehen. Jede Ursache erzeugt Folgen, und diese Folgen sind früher oder später auf der Suche nach ihrer Ursache. Beide Pole verlangen einander, um die Entwicklungsbewegung des Lebens zu erzeugen. Kein Schöpfer also ohne Schöpfung ... Geist und Materie rufen und offenbaren sich gegenseitig.

Warum kehren wir zurück?

Diese Frage ist schon teilweise mit den genannten Begriffen Gerechtigkeit, Genauigkeit, Gleichheit und somit Entwicklung beantwortet worden, was aber natürlich noch viele weitere Fragen offenlässt, allen voran diese: Ist Reinkarnation eine Pflicht? Eine unabdingbare Notwendigkeit? Und lässt sie uns irgendeine Wahl?

a) Ist sie eine Pflicht?

Davon in diesem Zusammenhang zu sprechen, wäre nicht korrekt. Wesentlich genauer ist es, von einem systemischen Anziehungs- oder Magnetisierungsphänomen zu sprechen, denn wie ich viele Male in außerkörperlichen Erfahrungen in dem Raum festgestellt habe, der uns zwischen zwei Leben aufnimmt, kommt dann niemand und sagt uns unmissverständlich und gebieterisch: »Jetzt musst du und wirst du ...«

Es ist vielmehr *Etwas in uns*, das *von innen heraus* weiß, dass wir »müssen« und dass wir also »gehen werden«. In einigen Bewusstseinssphären nennt man dieses Anziehungsphänomen »eiserner Geist« wegen der Dichte, die es zum Ausdruck bringt und die ihm zugrunde liegt.

Dieses *Etwas in uns*, das aus den entferntesten Winkeln unserer Seele herrührt, will uns an die Wahrheit erinnern, dass es die Konfrontation mit uns selbst ist, die uns wachsen lässt. Und was ist das ideale Terrain für eine solche Konfrontation, wenn nicht eine Welt aus grobstofflicher Materie? Eine Welt, in der wir unvollendete Geschichten hinterlassen, offene Projekte und oft unvollständige Beziehungen und auch eine Welt, in der erhaltene und zugefügte Strafen und Leiden darauf warten, befriedet zu werden.

b) Ist sie eine Notwendigkeit?

In der Tat, und sie ergibt sich ganz von selbst, auch wenn das Ego zuerst erstarrt und erst dann den Zeitpunkt und die Umstände einer Rückkehr begreift, wenn sie unausweichlich geworden ist, weil der »eiserne Geist« beginnt, sein Werk in ihm zu verrichten. Im außerzeitlichen Intervall, das zwei Leben voneinander trennt, zeigt sich diese Notwendigkeit also erst ganz allmählich und beginnt dann je nach dem Reifegrad des reinkarnierenden Wesens zu wirken.

c) Haben wir eine Wahlmöglichkeit?

Die Antwort darauf ist unterschiedlich, denn sie hängt von der Höhe ab, von der aus wir sie betrachten können. Wer Wahlmöglichkeit sagt, sagt auch Freiheit, und wer Freiheit sagt, meint damit auch Reife. Daher hängt die Wahl der Umstände einer Reinkarnation davon ab, wie der Einblick und die Erkenntnis des Wesens beschaffen sind, das sich wieder in ein fleischliches Kleid hüllen will.

Ist das Wesen sich bewusst, was es in ihm zu verbessern gilt, welche Unzulänglichkeiten es bisher hatte, welche Potenziale es entwickeln sollte? Oder ist es noch mit einem Kind vergleichbar, das man an der Hand halten muss, um die Straße zu überqueren und es zur Schule zu bringen?

Bekanntlich sind Kinder kaum Herr über ihre Entscheidungen und haben oft eine sehr kurzfristige Sichtweise. Teenager wiederum können sich leicht schon vor der Zeit als Erwachsene ansehen und ihr Urteilsvermögen und ihre Kräfte überschätzen. Und was Erwachsene betrifft, so halten sie sich im Allgemeinen für erwachsener als sie in Wirklichkeit sind und neigen deshalb dazu, sich im Großen und Ganzen »etwas vorzumachen«.

Da es sich in unserer grobstofflichen Welt so verhält, warum sollte es dann in den Existenzsphären, die ihr vorausgehen und ihr nachfolgen, anders sein? Die Welten »davor« und »danach« sind das exakte Spiegelbild unserer Welt und umgekehrt.

Daraus wird ersichtlich, dass unser *Entscheidungs-* oder *Handlungsspielraum* in Anbetracht der Notwendigkeit zu reinkarnieren proportional zu unserer inneren Stärke, unserem Willen und kurz gesagt der Fähigkeit steht, uns selbst und das zu Erreichende wahrheitsgetreu und klar zu betrachten, damit das Leben sich weiter entfaltet.

Wann und wie?

a) Der Grad unserer Erkenntnis

Ich bin schon oft gefragt worden, ob ein verstorbenes Wesen in der Welt, in die es gegangen ist, weiterhin bewusst ist, da es sie ja zu irgendeinem Zeitpunkt wieder verlassen muss, um zu reinkarnieren. Die Antwort lautet nein. Das ist leicht nachvollziehbar, denn der Übergang, den der Moment des Todes darstellt, bedeutet nicht automatisch, dass der Schleier des Bewusstseins desjenigen zerreißt.

Ich habe häufig gesagt: Wenn wir das Universum mit einer immensen Wohnstatt vergleichen, bleiben wir auch dann wir selbst, wenn wir über die Schwelle eines seiner Räume treten, um in einen anderen zu gelangen. Vielleicht ist dort die Beleuchtung anders, ist es heller, vielleicht gibt es dort eine schönere Aussicht nach »draußen«, vielleicht finden wir dort neue, hochwertigere Kleidung ...

Sicherlich - aber deshalb haben wir noch lange keinen Überblick über den Grundriss der gesamten Wohnstatt und keinen direkten Zugang zu den höheren Etagen. Und auch die Absicht des Architekten erfassen wir nicht.

Alles entdecken wir ganz allmählich, einen Raum nach dem anderen, ein Leben nach dem anderen. Es gibt auch »Zwischenleben«, in denen wir denselben Raum nicht verlassen, weil wir keine weiteren vermuten und unfähig sind, uns einen anderen vorzustellen.

Bis zu einem gewissen Grad der Erleuchtung des Bewusstseins wird also keine Notwendigkeit gesehen, »eines Tages« zu reinkarnieren. Sie ist keineswegs eine Gewissheit, mit der man irgendwann konfrontiert wird - außer, wenn wir in einer Kultur oder nach einem Glauben gelebt haben, für die die Prinzipien des Karmas und der Reinkarnation selbstverständlich sind.

Unser Gepäck reist mit uns ... Unsere Glaubenssätze und Erfahrungen definieren uns auf beiden Seiten der »Demarkationslinie«.

Und deshalb müssen wir uns bemühen, ein Leben zu führen, das so offen ist wie möglich, und es trotz aller Schwierigkeiten schön zu gestalten, das heißt beseelt von der Hoffnung auf etwas »Größeres«, das noch kommen wird.

b) Der Zugang zu unseren Perspektiven

Auch diese Frage ist mir oft gestellt worden: »Bevor wir zurückkehren und falls wir verstanden haben, dass wir zurückkehren mussten, haben wir da eine Vorstellung von dem Weg und den Gegebenheiten, die vor uns liegen?«

Die Antwort darauf ist einfach, aber hat viele Bedeutungen. Sie konfrontiert uns unweigerlich mit etwas, was ich unser Kapital an innerer Stärke nenne, anders gesagt mit unserer Fähigkeit, den Tatsachen ins Auge zu sehen.

Werden wir imstande sein, alle wahrscheinlichen Verläufe des Weges zu erkennen, der vor uns liegt? Das ist die Frage! Ganz zu schweigen davon, dass die Skizze dieses Weges immer nur die Folge und logische Fortsetzung dessen ist, was wir selbst verursacht haben ... Dazu braucht es Stabilität und Reife, auch wenn der Entwurf der Wegstrecke eher angenehm aussieht, denn wie wir ja gesehen haben, ist jeder Erfolg vor allem ein Test für die inkarnierende Persönlichkeit.

Eine Seele ist immer anspruchsvoll gegenüber den Egos, die sie nacheinander in die Materie eintaucht. Sie drückt sich nicht durch Belohnungen oder Bestrafungen aus, sondern folgt dem Gesetz des universellen Gleichgewichts.

Wenn also ein Wesen in die Dynamik seiner Rückkehr eintritt, hat es *nur* darüber einen Überblick, was es zu sehen imstande ist, und auch *nur* darüber, was für es sinnvoll zu wissen ist und sich ihm als »Fahrplan« einprägt.

Hier sollten wir verstehen, dass dieser Fahrplan vor allem eine Zeichnung mit allen möglichen Ausschmückungen, Begegnungen, mehr oder weniger unvermeidlichen Kreuzungen, aber auch einer Dosis freiem Willen ist.

Was macht der Inkarnierende daraus? Er wird ihn entschlüsseln müssen, denn jeder Fahrplan ist wie ein filigranes Wasserzeichen geschrieben und in sich verschlüsselt, um das lehrreiche Spiel des Lebens nicht zu verfälschen.

Wenn die Grundzüge unserer Wegstrecke in uns selbst eingeschrieben sind, mit all unseren Verabredungen, einzulösenden Versprechen und Herausforderungen, dann geschieht das als Schutzmaßnahme, weil nicht so sehr das ideale Ziel einer Inkarnation maßgebend ist, sondern die Art und Weise, wie ihre Reise bewerkstelligt wird.

Kurz gesagt: Welche Art von Liebe werden wir dabei entwickeln? Werden wir sie auf dem Weg vergessen? Und vor allem ... wird es wirklich Liebe sein?

c) Die Entscheidung, uns zu weigern

Können wir uns weigern zu reinkarnieren? Mit anderen Worten: Ist es möglich, nein zu unserem Fahrplan zu sagen, falls er uns, prosaisch ausgedrückt, »nicht gefällt«?

Tatsächlich geschieht das recht oft, und es manifestiert sich auf verschiedene Weisen. Jeder mentale und emotionale Widerstand kann den harmonischen Verlauf einer Inkarnation stören oder sogar blockieren.

Ein Wesen, das zu einer Wiedergeburt eingeladen wird, ist vor allem eine Wirklichkeit auf der Schwingungsebene. Das bedeutet, dass es Wellenzüge und Energiemengen erzeugt, die im Mechanismus seiner Rückkehr wie Störungen, Schalter, ja sogar Kurzschlüsse wirken können.[4] Dann kommt es zu schwierigen Geburten in Steißlage, mit der Nabelschnur um den Hals, zu bestimmten Fehlgeburten und natürlich zu nicht erklärbaren Todesfällen kurz nach der Geburt.

Wir müssen uns darüber im Klaren sein, dass die Geburt im Allgemeinen vom Reinkarnierenden als Tod erlebt wird. Er schultert wieder den »Rucksack«, den er eine Zeit lang abgelegt hatte, und entschläft, eventuell widerwillig, der Art von Wirklichkeit, die ihn aufgenommen hatte.

Natürlich finden zahlreiche Rückreisen in Akzeptanz und Freude statt, genauso, wie es Tode gibt, die entspannt, gelassen und hoffnungsvoll erlebt werden. Alles geschieht immer dem Bild unseres inneren Raumes entsprechend, so, wie wir es genährt haben, ungeachtet unserer Schwächen und der Windungen unseres Weges.

---

[4] *Siehe »Die ungeborene Seele« desselben Autors.*

Deshalb ist es nicht vergebens, uns mit dem Mysterium *dessen* zu beschäftigen, das uns veranlasst, in diese Welt zu kommen, mit der Pflicht, den Versuch zu unternehmen, darin etwas aufzubauen (selbst wenn es nur sehr bescheiden ist), und mit der vernünftigen Notwendigkeit zu lernen, sie bestmöglich zu verlassen, wenn die Stunde gekommen ist.

Eine Botschaft zeichnet einen Weg, aber nicht die Ränder dieses Weges. Seine Ränder werden von denjenigen erdacht, gezeichnet und geformt, die ihn gehen, mit der Summe all dessen, was sie sind. So gibt es unendlich viele Arten und Weisen, sich an denselben Ort zu begeben.

2. Kapitel

UNSER LEBENSVERTRAG

Die Geschichte ist mir erst kürzlich wieder eingefallen. Sie trug sich Anfang der 1960er-Jahre zu, auf dem Schulhof des Gymnasiums, an dem ich als Teenager wie viele andere auch ohne große Begeisterung dem Unterricht folgte.

Auf dem Schulhof stand eine kleine Gruppe Bäume, die mitten im Asphalt versuchten, ihren Platz zu finden, und mehr schlecht als recht gediehen.

Ich liebte diesen Ort, denn er war für mich ein bisschen wie eine Achse, um die ich in jeder Pause mit einem oder zwei Schulkameraden herumschlenderte und immer oder fast immer dieselben langweiligen Kreise zog. Natürlich nutzten wir die Gelegenheit immer für Gespräche über Gott und die Welt, soweit unser innerer Horizont damals eben reichte.

Jedenfalls erinnere ich mich an einen Tag, als die Monotonie unserer endlosen Runden plötzlich von einem meiner Schulkameraden unterbrochen wurde, die wie Gefangene neben mir her schlurften.

»Das ist schon komisch«, meinte er. »Ich weiß nicht, warum ich das jetzt sage, aber ich bin mir sicher, dass ich mal

Arzt sein werde, eine Frau mit sehr dunkler Haut heirate und weit weg von hier leben werde.«

»Hast du das geträumt?«

»Nein, ich weiß es einfach, das ist alles.«

Unser Gespräch lief nicht viel weiter, mangels Argumenten und vielleicht auch wegen des Pausengongs, der uns wieder in den Unterricht rief.

Einige Jahre vergingen, und wir verloren uns zwangsläufig aus den Augen, als jeder seinem eigenen Weg folgte.

Und dann eines Tages, etwa 20 Jahre später, hörte ich plötzlich über eine gemeinsame Bekannte von ihm, der ich »zufällig« über den Weg lief. Er war tatsächlich Arzt geworden, hatte eine Afrikanerin geheiratet und war ihr in ihr Land gefolgt, um dort seinen Beruf auszuüben.

Ich musste lächeln und sofort an eine kleine Bemerkung denken, die ich damals nach seiner Vorahnung gemacht hatte. Ich hatte zu ihm gesagt:

»Das ist ja seltsam – seit ich denken kann, habe ich mir schon immer gesagt, dass ich ›ganz schnell 30 werden‹ muss.«

Wenn ich heute daran zurückdenke, scheint mir klar, dass sowohl er als auch ich zweifelsfrei bestimmte Abschnitte unseres »Lebens-Fahrplans« gesehen hatten. Genauso sicher, wie mein Schulkamerad die wichtigsten Etappen seines Weges erkannt hatte, hatte ich vorausgeahnt, welche Bedeutung mein 30. Geburtstag für mich haben würde, an dem dann auch tatsächlich mein erstes Buch erschienen ist.[5]

Was lässt sich nun daraus schließen? Dass manchmal eine Art Duft »in der Luft« liegt, von dem wir in wenigen,

[5] *Siehe »Berichte von Astralreisen« von Daniel Meurois und Anne Givaudan.*

gnadenreichen Momenten einige Bestandteile erkennen können. Poetisch ausgedrückt ist es wirklich ein bisschen so, aber zum Glück können wir dieses Phänomen noch genauer erklären.

Fahrplan oder Vertrag?

Ein Fahrplan enthält eine empfohlene Wegstrecke, um idealerweise von einem Ort zum anderen zu gelangen, wobei es aber trotzdem einen Handlungsspielraum gibt. Ein Vertrag hat, selbst wenn er Rechte erteilt, in seiner ganzen Formulierung immer etwas Zwingendes.

Damit stellen sich folgende Fragen: Womit reisen wir von einem Leben zum nächsten? Wie sieht das filigrane Wasserzeichen aus, das auf etwas geschrieben steht, das ich der Einfachheit halber unseren »Seelengrund« nenne?

Nun, nach zahlreichen Beobachtungen würde ich sagen, dass es aussieht wie unser Fahrplan und unser Vertrag zugleich, je nachdem, mit welchem Blick wir das Wesen des Lebens sehen können, von dem wir durchdrungen sind.

Angenommen, dass unser Bewusstsein wie eine Videokamera ist: Hat sie einen Weitwinkel, einen Zoom, ein klassisches Objektiv oder ein »Makro«?

Was ich damit sagen will: Das Gefühl des freien Willens oder Zwangs hängt immer von unserem inneren Blick auf uns selbst ab, denn er kann uns letztendlich stärken, stagnieren lassen oder schwächen.

Faktisch wird ein Fahrplan, der zum Zeitpunkt der Inkarnation richtig verstanden wird, von selbst zu einem Vertrag, den man bestmöglich einhalten möchte. Mit wem schließen wir diesen Vertrag ab? Nicht mit einer mysteriösen, moralisierenden und mehr oder weniger autoritären Wesenheit. Sondern ganz einfach mit uns selbst oder genauer gesagt mit dem höheren Teil unseres Bewusstseins, der Schwingungswirklichkeit, die die Verbindung zwischen unserer Seele und unseren aufeinanderfolgenden Ego-Persönlichkeiten ist.

In vielleicht besser verständlichen Worten ist dieser Fahrplan, der sich in einen Vertrag verwandelt, eine Staffelübergabe von uns selbst an uns selbst, eine Einladung des *Lebendigen in uns*, unsere Geschichte an der Stelle fortzusetzen, an der wir sie verlassen haben.

Wenn wir verstehen, was dieses Wirkprinzip eigentlich bedeutet, stellen wir fest, dass sich alles immer zwischen uns selbst und uns selbst abspielt.

Letztendlich gibt es niemand anderen als uns selbst, um uns eventuell etwas vorzuwerfen und uns aufzufordern: »Nimm dir deine Ausfertigung noch einmal und bessere sie nach.« Im Grunde sind wir zugleich der Verfasser und der einzige Unterzeichner eines Vertrages, den wir uns selbst versprochen haben einzuhalten.

Aber ein Verstoß gegen einen früheren Vertrag mit unserem Bewusstsein ist keineswegs eine Schande, es passiert jedem einmal im Laufe seiner Entwicklung und lässt sich wieder in Ordnung bringen. Die Schönheit des freien Willens, über den das Ego verfügt, liegt nun einmal im Recht darauf, Fehler zu machen und Schwächen zu haben oder anders gesagt darin, in Sackgassen zu geraten.

Am schwierigsten ist immer die Selbstvergebung, wenn Erkenntnis und Abstand wieder zu ihrem Recht gekommen sind. Aber auch sie lässt sich erlernen. Sie ist die Schwester des Mitgefühls, dieser Art heiligen Öls, das unerlässlich für den erstaunlichen Mechanismus des expandierenden Lebens ist.

Zweifelsohne ist all das auch eine kollektive Arbeit, denn unsere Gesellschaft scheint vergessen zu haben, welchen Sinn und welche Kraft die Vergebung als Prinzip der mentalen und emotionalen Reinigung hat.

Um zu unserem Handlungsspielraum beim »Verfassen« und Einhalten dieses Vertrages zurückzukommen: Uns sollte bewusst sein, dass er sich aus einem ausgewogenen Gleichgewicht zwischen unserem karmischen Gepäck und unserem erklärten Willen ergibt, ein besserer Mensch zu sein.

Aber was bedeutet es denn eigentlich, zu einem besseren Menschen zu werden? Gewiss nicht, sich den wechselnden Konventionen und Moralvorstellungen irgendeiner Zeit zu unterwerfen, sondern darauf zu reagieren, was unser innerstes Wesen als richtig erkennt, empfindet und wahrnimmt, weil es harmonisch und somit liebevoll ist.

Unsere Richtschnur

Jedes Leben, jede Reise hat ein Ziel, und oft ist die mangelnde Auseinandersetzung damit, wie dieses Ziel beschaffen ist, die Ursache für die meisten Missverständnisse, leidvollen Erfahrungen, Absagen oder Widerstände, die uns das Leben schwer machen.

Wir werden sehen, dass es Mittel und Wege gibt, um leichter das zentrale Motiv unseres Lebens herauszufinden, denn eines ist klar: Jeder unserer Übergänge in diese Welt hat einen wichtigen Beweggrund oder ist sogar eine Notwendigkeit.

Kein Leben an sich ist »gratis«, auch wenn manche wesentlich angenehmer sind als andere.

Jemand, den wir kennen oder von dem wir hören, führt ein Leben, das wie ein einziger Urlaub zu sein scheint? Das mag so sein, aber was ist der Zweck von Urlaub, was stellen wir damit an? Entweder wir dösen »pauschal« am Strand, ohne uns Fragen zu stellen, oder wir nutzen ihn dazu, nachzudenken, zu meditieren, unseren Horizont zu erweitern und reifer zu werden, indem wir unbekanntes Terrain in uns selbst erforschen.

All das kann gerechtfertigt sein, aber so oder so müssen wir, wenn der Tag gekommen ist, Bilanz in uns selbst ziehen und erkennen, dass es sich in jedem Fall um Theaterstücke gehandelt hat, denen eine bestimmte Absicht zugrunde lag.

Die Geburt unseres wahren Wesens in die Welt ist das Herzstück jeden Lebens. Sie wird das Ergebnis vieler kleiner Geburten und genauso vieler kleiner Tode sein, wie Perlen an einem Rosenkranz oder einer Mala-Gebetskette.

Damit stellen sich zwei Fragen: Welche Farbe hat meine jetzige Perle, und habe ich die Absicht, meinen Rosenkranz endlos herunterzubeten?

Über Determinismus

Die Begriffe »Fahrplan« und »Seelenvertrag« sind nicht gerade leicht verständlich und können zugegebenermaßen schnell missverstanden werden, vor allem, wenn wir damit bestimmte Vorahnungen verbinden, wie ich sie weiter oben geschildert habe. Wie also können wir uns ein genaues Bild davon machen, *was sein soll*, ohne dabei in demotivierenden Fatalismus zu verfallen?

Gehen wir es einmal bildhaft an und stellen wir uns noch einmal eine Reise vor, deren Weg an einem Punkt *a* beginnt und mit einem Punkt *z* endet!

Wir sind uns darüber im Klaren, dass wir dafür ein Mindestmaß an Organisation brauchen. Wir wissen auch, dass es Orte gibt, durch die wir auf jeden Fall reisen müssen. Es wird Punkt b, c, d geben und so weiter. Werden wir beschließen, einen Moment dort zu bleiben, oder werden diese Orte einfach Wegkreuzungen, Transitzonen, sein? Werden wir dort vorsichtshalber ein Hotel reservieren, oder werden wir uns lieber für ein bisschen mehr Abenteuer entscheiden?

Es kann auch sein, dass wir Lust haben, jemanden zu besuchen, der sich auf unserem Reiseweg befindet. Es ist sogar wahrscheinlich, dass wir das tun müssen, aus vielzähligen Gründen, vielleicht, um »etwas zu regeln« ... Und wenn dem so wäre – würden wir dann vielleicht lieber einen Umweg nehmen und so eine lästige Pflicht vermeiden? Ja, vielleicht ... aber über welche Wege? Autobahnen? Kleine Feldwege? Berge? Es wird an uns sein, das zu entscheiden, um zur nächsten Etappe zu gelangen, wo jemand uns wirklich erwartet, weil wir es ihm versprochen haben. Vielleicht könnten wir demjenigen dann vorschlagen, uns auf dem Rest unseres Weges zu begleiten ... Wir werden sehen! Auf jeden Fall müssen wir zur richtigen Zeit am richtigen Ort ankommen.

Bleibt noch zu wissen, auf welche Weise wir uns an den Endpunkt unserer Reise begeben werden. Mit dem Fahrrad und der Kraft unserer Waden? Mit öffentlichen Verkehrsmitteln oder mit dem Auto? Oder von allem etwas?

Es kann sein, dass wir eine Reifenpanne haben, uns das Benzin ausgeht oder wir gar in einen Unfall geraten. Ein Unfall ... Es kann sein, dass wir in einen verwickelt werden, damit wir lernen, bewusster zu fahren ... oder paradoxerweise, damit wir dem »Krankenpfleger« begegnen, der uns veranlassen wird, »eine andere Platte aufzulegen«.

Eine Reise macht immer eine Vielzahl von Ereignissen möglich. Sie hat ihre Verpflichtungen und Zwänge, vergleichbar mit Verkehrsschildern, und ihre Kreuzungen, ganz zu schweigen natürlich vom Zustand der Straßen. Auch zeichnet sie sich durch überraschende Anregungen und Einladungen aus, auf die wir lernen müssen zu achten.

Manchmal werden wir auf unserer Reise krank, und die Krankheit selbst kann dann zu einer Reise innerhalb der Reise werden, zu unbekanntem Terrain, dessen Sinn wir nicht immer verstehen, aber auf dem unsere Seele und alle Schichten unseres Wesens stets »am anderen Ende der Leitung« sind und darauf warten, von uns befragt zu werden.

Wer die Klarsicht, den Mut oder die Kraft dazu hat, öffnet dann *die* Tür zum Sinn seines Lebens und versteht, dass sein scheinbares Unglück tatsächlich zu einem Nährboden werden kann.

Verwende ich hier etwa eine etwas simple Analogie als Idealmodell? Keineswegs, denn ich glaube sagen zu können, dass es keinem Leben an Hinweisen fehlt, die unser höheres Wesen unserem inkarnierten Wesen zuteilwerden lässt.

Jede unserer Reisen durch diese Welt ist sicherlich vergleichbar mit einem Gang durch ein Labyrinth, aber so rätselhaft es auch ist, unsere Aufgabe wird immer sein, den Ariadnefaden darin zu finden, ihn zu ergreifen und ihn zurückzuverfolgen.

Die Idee der Herausforderung

Der Begriff der »Herausforderung« ist in unserer Gesellschaft stark in Mode. Ganz klassisch ist die Formulierung: »Wir setzen Sie darüber in Kenntnis, dass Herr X aus unserem Unternehmen ausgeschieden ist. Wir wünschen ihm allen erdenklichen Erfolg für seine neuen beruflichen Herausforderungen.«

Es ist ein starrer, abgedroschener Ausdruck aus dem Wortschatz des Wettbewerbs. Natürlich ist er durchaus logisch, wenn wir davon ausgehen, dass das Leben ein Wettrennen, ein Kampf oder gar eine erbitterte Schlacht ist.

Gilt das auch für unsere Rückkehr in diese Welt? Alles hängt davon ab, was die Energie motiviert, die uns beseelt, wenn unsere Reinkarnation bevorsteht.

Auch wenn unser Leben natürlich ein Ziel und eine Absicht hat, sollte es nicht unbedingt wie eine Herausforderung im aggressiven Sinne des Wortes geführt werden. Gewiss stellt es alle Wirklichkeitsebenen, die uns ausmachen, auf die Probe. Das bedeutet aber nicht, dass wir auf jeden Fall Boxhandschuhe oder Stollenschuhe anziehen oder uns in eine Rüstung aus rostfreiem Stahl zwängen sollten, wenn wir in das hinabsteigen, was unser fleischlicher Körper sein wird.

Ein Leben ist nur dann eine Herausforderung oder ein Kampf, wenn wir das so entscheiden. Daraus folgt dann aber, dass der ihm zugrunde liegende Seelenvertrag unter ständigem Kräftemessen umgesetzt werden wird. Andere Menschen und die Umstände werden dann immer wie Türen sein, die eingetreten werden müssen ... selbst wenn sie offen sind!

Sicherlich braucht ein Wesen - eine Individualität - das ab und zu, um sich selbst zu behaupten, aber Kämpfe und Opposition (in Bezug auf uns selbst oder auf bestimmte Ereignisse) sind immer nur Werkzeuge unter vielen, um durchs Leben zu gehen.

Daher bedeutet eine Geburt ohne irgendeine Herausforderung im grundlegendsten Sinne des Wortes nicht unbedingt eine Geburt ohne Fahrplan oder Seelenvertrag. Wir können durchaus Verpflichtungen eingehen und erfolgreich erfüllen, ohne dabei den Reflex zum Kräftemessen zu haben.

Je mehr Reife und damit Weisheit eine Seelen-Persönlichkeit entwickelt, desto mehr inkarniert sie mit dieser inneren Haltung, denn sie weiß, dass jede Anspannung oder Verkrampfung eine Art ungesunde Ausdünstung auf feinstofflicher Ebene erzeugt, die an allen Arten von Waffen und Rüstungen nagt. Einige Krebsarten und andere schwere Krankheiten sind zweifellos eine Folge dieser Art von bösartiger Ausdünstung.

Können wir denn »etwas« aus unserem Leben machen, ohne automatisch Hindernisse auszumachen und zu bekämpfen?

Manche werden das verneinen, da die Dualität ein Teil der Existenz ist. In gewisser Weise haben sie damit auch recht, zumindest auf einer ersten Ebene der Wahrnehmung ...

Aber sind wir nicht genau deshalb erneut auf dieser Welt, um unseren Blick zu heben und zu lernen, die Dinge anders zu betrachten oder genauer gesagt die höhere Absicht besser zu erkennen, die unser Herz schlagen lässt? Die wirkliche Diskussion sollte genau da stattfinden und uns schon von klein auf gelehrt werden.

Lernen, nach innen zu schauen ... Wenn wir in unserer Gesellschaft unsere Sackgassen und eingefahrene Wege verlassen wollen, sollte das eines der ersten Dinge sein, die wir Kindern beibringen, nachdem wir sie gelehrt haben, was *nach innen* bedeutet.

Im Grunde ist es so: Wenn es eine wahre Herausforderung gibt, die jedes menschliche Wesen annehmen muss, dann liegt sie in ihm selbst. Ihr Ziel ist es, souveräne Weisheit zu erlernen.

Eine jahrtausendealte Übung

Einst gab es im Norden des Alten Ägyptens eine Gemeinschaft von Weisen, die als *Ärzte von Alexandria* bezeichnet wurden. In ihren Lebensauffassungen und Praktiken werden sie heute oft mit den Männern und Frauen der Bruderschaft der Essener in Galiläa verglichen.

Sie strebten nach der ganzheitlichen Gesundheit des Wesens, also nach einer Weisheit, die jeden Glauben zu transzendieren vermag. Ihnen lag daran, die Essenz des Wesens zu berühren, ihre wahre Natur zu lehren und sie vor allem durch die Versöhnung der inkarnierten Persönlichkeit mit sich selbst erlebbar zu machen.

An dieser Stelle unserer Überlegungen finde ich es sinnvoll, Ihnen zunächst einmal eine Reihe von Fragen und Themenbereichen zur »freien Meditation« vorzustellen, die die Ärzte von Alexandria allen an die Hand gaben, die gelobten, sich ihnen anzuschließen:

- *Es gibt die Zeit, die ich in diesem Moment erlebe, und die Zeit der Seele, die mich bewohnt und an die meine menschliche Persönlichkeit sich nicht oder nur wenig erinnert. Aber welche Zeit ist in Wahrheit meine? Bin ich in der Vergangenheit, in der Gegenwart oder in der Zukunft?*

- *Warum? Handelt es sich um eine Flucht zurück? Nach vorn?*

- *Was sind meine Ängste und meine Bestrebungen?*

- *Was bedeutet der jetzige Moment? Existiert er mehr als die Vergangenheit und die Zukunft? Sobald man ihn erfasst, ist er ja schon vergangen.*

- *Was ist das Prinzip hinter der Illusion der Zeit und meiner Persönlichkeit, die ihr unterworfen zu sein scheint?*

- *Warum erinnert sich das Bewusstsein, das ich von mir selbst habe, so wenig an das ihm innewohnende Prinzip?*

- *Habe ich Angst, in der Falle der Trennung endlich klar zu sehen?*
- *Wie kann ich das »Ich« definieren, das in »mir« denkt, und von welcher Ebene aus bringt es sich in diesem Moment zum Ausdruck?*
- *Der Verstand hat nicht die Antwort. Habe ich Angst, ins Taumeln zu geraten, wenn ich akzeptiere, über ihn hinauszuwachsen?*
- *Habe ich Furcht vor dem Unendlichen, und warum?*

Meiner Ansicht nach sind diese meditativen Fragen auch heute noch mehr als je zuvor aktuell, in einer Welt, in der das Individuum sich drastisch von seiner eigenen Mitte entfernt hat und in der es das Heilige seiner innersten Essenz größtenteils vergessen hat und leugnet.

Ich kann also nur empfehlen, diese Übung in Form von Fragen regelmäßig ganz oder teilweise durchzuführen. Sie kann eine Art Entriegelung in uns anstoßen, die unseren inneren Horizont erweitern kann, indem sie uns den Zugang zu Bereichen unserer selbst ermöglicht, die wir noch nie oder zu selten besucht haben.

Mit einer erkenntnisreichen Übung wie dieser nähern wir uns dem zentralen Motiv unserer Inkarnation und seinem Verständnis, weil wir durch sie unweigerlich an Höhe gewinnen.

Zwischen Gut und Böse

Wir haben gesehen, was es mit unserem freien Willen und »Handlungsspielraum« im Verlauf unseres »Fahrplans« auf sich hat. Hierbei gibt es einen Punkt, der eine genauere Betrachtung verdient. Er lässt sich mit dieser Frage zusammenfassen: »Es geht immer um Weiterentwicklung, also Wachstum, aber ... *kann man mit dem Willen geboren werden, Böses zu tun, also mit finsteren Absichten?*«

Kurz gesagt: Bis wohin kann unser freier Wille gehen? Diese Frage ist keineswegs nebensächlich, denn sie zwingt uns, uns mit der Idee von Gut und Böse zu befassen. Was sind Gut und Böse? In diesem Bereich klar zu sehen, ist gar nicht so einfach, wie man meinen könnte, auch wenn es so scheint, als müsste die Antwort nach der Logik einer »universellen«, grundlegenden Moral eigentlich auf der Hand liegen.

Da ich den Großteil meines Lebens dafür aufwende, das innere Räderwerk des Lebens zu erforschen, bin ich mir sicher, dass unsere aufeinanderfolgenden Persönlichkeiten in der Lage sind, je nach ihren gegenwärtigen Interessen ihre eigenen Vorstellungen von Gut und Böse zu entwickeln.

Das heißt, dass wir bis zur Erreichung einer bestimmten Bewusstseinsstufe geschickte Jongleure sind. Nur allzu leicht verwechseln wir das Gute mit unserem eigenen Wohl und ordnen ebenso leicht alles als unheilvoll und böse ein, was sich gegen unser allgemeines, unmittelbares, persönliches Wohl richtet.

So sind für Egos in der langen Phase ihrer Unreife Werte je nach der Situation veränderlich. Persönlichkeiten, die mit der Materie konfrontiert werden, entwickeln ihren vorübergehenden Interessen entsprechend oft die unterschiedlichsten Talente. Im Extremfall werden die Werte dessen, was einen Menschen im Grunde ausmacht, sogar völlig umgekehrt. Dafür gibt es unzählige Beispiele.

Auf einem Fahrplan, mit dem man einen Vertrag »für *die* gute Sache« abschließt, kann also ein philosophisches, religiöses oder politisches Prinzip als Rechtfertigung für alles dienen.

Genauso lassen sich Rache oder die Vergeltung einer Enttäuschung im Namen einer Art horizontaler, kurzfristiger Gerechtigkeit legitimieren. Das gilt sowohl auf der individuellen als auch auf der kollektiven Ebene.

Mit einer Moral, die man sich selbst zusammenzimmert, lässt sich alles rechtfertigen.

Können wir also beschließen, auf die Welt zu kommen, um unsere eigenen Spielregeln nach unserer eigenen Sicht der Dinge anzuwenden?

Ja, und das gelingt uns auch mehr oder weniger entsprechend der Anziehungskraft (dem eisernen Geist)[6], die ich bereits erwähnt habe. Zu behaupten, manche Personen würden mit dem festen Willen inkarnieren zu schaden, zu stehlen oder zu töten, wäre allerdings nicht korrekt. Richtiger wäre zu sagen, dass sie mit einem Aggressivitäts- oder Schadenspotenzial geboren werden, gegen das sie innerlich werden kämpfen müssen und demgegenüber sie Entscheidungen werden treffen müssen.

Statt von Gut und Böse zu sprechen, zwischen denen unsere Seelen-Persönlichkeiten (Egos) auf ihrem Entwicklungsweg

---

[6] *Siehe Seite 34*

hin und her schwanken, verwende ich persönlich lieber die Ausdrücke »zusammenführende Kraft« und »zerstreuende Kraft«. So gibt es Leben, in denen wir uns bewusst, absichtlich oder aus Schwäche verzetteln, und andere, in denen wir den Willen und die Kraft hin zu einer zusammenführenden Konstruktivität unter Beweis stellen.

Wir werden zwar nicht unbedingt als Manipulator, Dieb oder Mörder geboren, aber mit dem mehr oder weniger hohen Risiko, es zu werden, je nach unserem Gepäck und dem starken Druck, den es auf unsere Persönlichkeit ausübt, wenn sie in ihren Begegnungen geprüft wird.

Ebenso kommen wir nicht mit der absoluten Gewissheit auf die Welt, dort nur Gutes zu tun, sondern mit dem mehr oder weniger bejahten Potenzial, Gutes zu tun und Fortschritte zu machen.

Allgemeiner muss man allerdings sagen: Die Notwendigkeit und das Bedürfnis, persönliche Geschichten mit ihren unvermeidlichen Irrungen und Wirrungen zu durchleben, sind ein Zeichen für eine gewisse Halbherzigkeit problematischer Inkarnationen.

Krankheiten und Unfälle

Die meisten, die »schon ein bisschen gelebt« haben, sind sich einig, dass eine Krankheit im Leben nicht »zufällig« auftritt. Ich spreche hier natürlich von einer echten Krankheit, einem dieser Gesundheitsprobleme, die es an sich haben, dass es ein Vorher und ein Nachher gibt.

Auf dieser Ebene ist die Krankheit ganz klar eine Verabredung, die vor der Geburt getroffen wurde, eine Tür der Entwicklung, durch die wir gehen müssen, ja sogar eine Initiation im menschlichen oder sogar spirituellen Sinne. Sie ist eine Einladung unseres höheren Bewusstseins zur Versenkung in uns selbst, üblicherweise mit dem Ziel, uns einer anderen Wahrnehmung des Lebens oder einiger seiner Aspekte zu öffnen. Die Krankheit ist also eine Art Schlüssel, um Zugang zu neuen Horizonten zu erhalten.

Der springende Punkt dabei ist aber, dass unser Ego es auch so wahrnimmt, als Neustart unserer Lebensweise und unserer Beziehung mit allem, was unser Leben ausgemacht hat.

Wir wissen, dass die Lektion, die die Krankheit uns erteilt, sich als extrem schwierig erweisen kann. Wir können aber sicher sein, dass sie wie jeder Lehrer Anforderungen stellt, die eine ganz bestimmte Funktion haben. Es ist wie das Erlernen einer exotischen Fremdsprache, bei der wir anfangs nicht wirklich sehen, was der Nutzen für uns sein soll.

Eines ist sicher: Eine Krankheit tritt nicht zufällig auf, und wir müssen uns bemühen, sie nicht als Strafe oder Vergeltung von irgendwoher zu sehen, je nachdem, welche Überzeugungen wir haben. Da ihr Ursprung zwangsläufig karmisch ist, ist sie weder »zufällig« noch ungerecht, auch wenn es so scheint.

Auch wenn es zugegebenermaßen einfach ist, es zu sagen, und oft schwierig, es zu verinnerlichen: Der subtile, unendlich genaue Mechanismus, der der Ausgangspunkt einer schweren Erkrankung ist, ist tatsächlich für das Wesen eine Gelegenheit, in sich zu gehen und damit einen Schritt nach vorn zu tun.

Dasselbe gilt auch für Unfälle. Sie stellen einen Kreuzweg dar. Ein Unfall spricht zu uns und lädt uns ein, den Gang zu wechseln. Auch wenn wir den Grund nicht verstehen, können wir sicher sein, dass »etwas« in uns ihn geplant hat, mit einem genauen Ziel, in dem ein Vorschlag zur Weiterentwicklung liegt. Dann liegt es an uns zu versuchen, ihn zu entschlüsseln, ohne uns selbst dabei anzulügen.

Ich kannte einmal zwei Menschen, die unabhängig voneinander Opfer eines sehr schweren Verkehrsunfalls wurden. Die Folge war ein mehrstündiges Koma, nach dem sie angaben, in Kontakt mit einem unbeschreiblichen Licht gekommen zu sein, das sie irgendwie in die Arme »genommen« hatte. Doch erstaunlicherweise wussten beide nicht, was sie mit dieser Erfahrung anfangen sollten. Ihr Leben ging weiter, als wäre nichts gewesen, da sie unfähig waren, sich irgendwelche Gedanken darüber zu machen. Ihnen war lieber, das Ganze einfach auszuklammern und sich nicht mit den Fragen zu beschäftigen, mit denen ihr Schicksal sie konfrontiert hatte.

Die Verweigerungshaltung ist eine der häufigsten Bremsen auf unserem Lebensweg.

Und wie verhält es sich mit dem Tod? Können wir sagen, dass er »karmisch programmiert« ist?

Der Tod

Zunächst einmal möchte ich Ihnen hier eine ebenfalls absolut wahre Geschichte erzählen, die eine Menge Fragen aufwirft. Soweit ich mich erinnere, ereignete sie sich vor gut 20 Jahren und fand so großes Interesse in der Öffentlichkeit, dass sie von großen Radiosendern ausgestrahlt wurde.

Sie dreht sich um einen Mann, der ein Flugticket gekauft hatte, um an einen ziemlich weit entfernten Ort zu reisen. Einige Tage später und man weiß nicht, aus welchen Gründen, suchte dieser Herr einen Hellseher auf und erzählte ihm in dem Gespräch von seinem Reiseplan. »Steigen Sie auf keinen Fall in dieses Flugzeug«, sagte das Medium zu ihm. »Es wird einen Unfall geben!«

Bestürzt stornierte der Mann sofort seine Reservierung und kaufte sich ein Zugticket für denselben Tag, um an sein Reiseziel zu gelangen. Auf der Zugfahrt wollte er dann einem natürlichen Bedürfnis nachgehen, war wohl leicht schläfrig, nahm die falsche Tür am Ende seines Waggons, stürzte aus dem Zug und war sofort tot.

Das Flugzeug wiederum, in das er hätte steigen sollen, hatte, wie von dem Hellseher vorhergesagt, starke Probleme beim Landen, bei denen einige Passagiere ums Leben kamen.

Wäre unser Reisender einer von ihnen gewesen? Wir werden es nie erfahren, aber die Geschichte ist herausfordernd genug, um sich die Frage nach dem fixen (oder auch nicht fixen) Aspekt der ultimativen Verabredung zu stellen, die der Tod bedeutet.

Bisher haben wir von den unvermeidbaren Kreuzwegen gesprochen, die unser Leben markieren und prägen, sowie vom freien Willen, der uns unserem karmischen Gepäck und unserer Reife entsprechend gegeben ist. Kurz gesagt ging es um die Auswahl von Wegstrecken, die sich uns üblicherweise an bestimmten Kreuzungen auf unserer Lebensreise anbieten, und darum, wie wir uns auf den einzelnen Teilabschnitten verhalten.

Was den Tod betrifft, so scheint die obige Geschichte ja zu sagen, dass tatsächlich ein fixes Datum für ihn existiert, aber die Todesumstände unterschiedlich sein können. Wenn dem so wäre, könnte man dann eine allgemeine Regel daraus machen?

Ich werde hier keineswegs eine definitive Antwort darauf geben. Wer könnte das schon? Es kann sein, dass die großen kosmischen Gesetze unseres Universums ihren Anteil an Ausnahmen haben, Bereichen »göttlicher Freiheit«, die es bestimmten Wesen in bestimmten Momenten erlauben, das Szenario ihres Todes umzuschreiben oder gar seinen Zeitpunkt zu ändern.

Nach über 40 Jahren der Forschung in diesem Bereich bin ich fest davon überzeugt. Solche »Aufschübe« wären daher gewissermaßen als »Alternativstrecken« zu den üblichen Strecken im Leben zu verstehen. Ein solches »Ausnahmegesetz« würde natürlich bedeuten, dass das Wesen, das davon profitiert, bereits ein hohes Maß an Reife erlangt hat, sodass es über das hinausgehen kann, was sein höheres Bewusstsein ursprünglich geplant hatte.

Jedenfalls finde ich es zwar nicht richtig, von absoluter Unabwendbarkeit zu sprechen, was den Tag und die Stunde unserer Abreise betrifft, aber trotz allem ist sicher, dass die meisten Todesfälle *exakt* zum festgelegten Zeitpunkt eintreten, exakt für die Person, die diese Welt verlässt, und genauso exakt auch für ihre Angehörigen.

Ich schreibe das nicht gefühlskalt, denn ein Todesfall ist immer genauso leidvoll wie herzzerreißend. Ich lege hier also nicht die Gleichgültigkeit eines Buchhalters an den Tag, der sich hinter mathematischen Regeln versteckt.

Es ist offensichtlich, dass es immer Todesfälle geben wird, die aus menschlicher Sicht unverständlich, ungerecht und inakzeptabel erscheinen, und das zum Glück, da es dieses Feingefühl ist, das unseren Reichtum als Menschen ausmacht. Dennoch müssen wir auf unserem Weg Schritt für Schritt lernen, dass die Universelle Intelligenz (die wir vielleicht mit Gott oder einem anderen Namen bezeichnen) nicht in menschlichen Begriffen »denkt«, da Sie einfach nicht menschlich ist. Naturgemäß ist Sie übermenschlich und damit amoralisch.

Wie ich bereits mit anderen Worten geschrieben habe, sind »exakt« und »richtig« keine Synonyme.

Damit meine ich, dass das, was die Universelle Intelligenz zu dem macht, was Sie ist, jenseits von dem Gut und Böse ist, das wir gewöhnlich wahrnehmen.

Ihre Absicht ist die Transzendenz aller Lebensformen, was auch immer die Auswirkungen sind, die diese Formen - die in Wirklichkeit die Verlängerungen dieser Universellen Intelligenz sind - durchleben müssen.

Es ist ein Zeichen immenser Weisheit, wenn es uns gelingt, das zu verstehen und zu verinnerlichen. Es ist eine Weisheit, die geduldig gepflegt wird, durch viele Widerstände und Sackgassen hindurch, bis zu dem Zeitpunkt, an dem das uns beseelende Bewusstsein erkennt, dass das Phänomen des Todes selbst illusorisch ist, da es nichts anderes zum Ausdruck bringt als eine Veränderung des Erscheinungsbildes des Lebens. Der Wassertropfen, der zu unsichtbarem Dampf wird, veranschaulicht diese Wahrheit ...

In Wirklichkeit sagen wir uns niemals »Ade«, sondern immer »Auf Wiedersehen«.

Das Leid, das einem Weggang in unterschiedlichem Maße vorausgeht, ist natürlich etwas völlig anderes, denn es bindet uns an den schwierigsten Aspekt unserer Grobstofflichkeit, wohingegen der Tod uns davon befreit. Es ist das wahre Hindernis.

Oft sind wir auf die Medizin angewiesen, um die körperlichen Manifestationen des Leids einzudämmen, aber spirituelle Arbeit (im ursprünglichen und weiteren Sinne) kann seine psychischen Auswirkungen lindern.

Das ist der Weg, den ich Sie einlade weiter mit mir zu gehen ...

3. Kapitel

DIE REBELLIONEN UNSERES WESENS

Wer von uns hat nicht auch schon einmal beim Lesen eines Vertrags oder einer Vereinbarung, die er gerade unterzeichnet hat, festgestellt, dass er womöglich nicht alle Klauseln, eventuell noch mit dem Kleingedruckten, beachtet hat?

Wir alle kennen die berüchtigte Formulierung: *»Es gelten besondere Bedingungen …«*

Zwischen Verblendung, Notwendigkeit und Zwang

So können wir uns mit dem gedankenlosen Kauf eines Autos oder Hauses verschulden, wenn wir zu »gierig« waren.

Noch dazu kann sich später herausstellen, dass sie an unseren wirklichen Bedürfnissen vorbeigehen oder so einige Überraschungen für uns bereithalten.

Auch hier ist mein Vergleich mit den Bedingungen unserer Inkarnationen vielleicht gewagt und zu schablonenhaft. Aber prinzipiell ist er gar nicht so weit davon entfernt, wozu wir uns verpflichten, wenn wir uns anschicken, wieder in diese Welt geboren zu werden.

Ist der menschliche Körper denn nicht ein Fahrzeug und eine Wohnstatt zugleich? Ganz zu schweigen davon, dass wir manchmal Dinge anstreben, bei denen wir uns nicht sicher sind, ob wir die möglichen Folgen überhaupt bewältigen können.

Ein neues Auto oder Haus ist ein bisschen so, als würden wir eine Seite im Leben umblättern und ein neues Lebenskapitel aufschlagen. Wir sagen uns oft, es sei ja neu oder wenigstens renoviert, sodass jetzt eigentlich alles »besser laufen« müsste, auch wenn es manchmal kleiner ist. Zumindest versuchen wir, uns selbst davon zu überzeugen, falls wir nicht aus irgendwelchen Gründen gezwungen sind, denn es gibt ja tatsächlich Dinge, zu denen wir nicht unbedingt Lust haben, oder Verpflichtungen, die wir vergessen haben, weil wir sie nicht sehen wollten.

So sind also unsere Wege mit Begeisterung, Hoffnung und Furcht gepflastert, mit Blindheit, Gedächtnisschwund und zum Glück auch Potenzial, aber auch mit ein paar nicht zurückgezahlten »Krediten«.

In den Modalitäten unserer Rückkehr auf die Erde ereignet sich regelmäßig ziemlich genau das, was mitunter zu lebhaften Reaktionen unseres Egos führt. Es fühlt sich dann gegen seinen Willen »mit dem Fallschirm abgeworfen«, in dem Wissen, dass es mit Umständen konfrontiert werden wird, die es nicht komplett oder nur sehr begrenzt, wenn nicht sogar überhaupt nicht so ausgewählt hat.

Ich habe es unzählige Male im Unsichtbaren festgestellt: Manchmal kommen wir mit einer gewissen Unbewusstheit auf die Welt, wie betäubt oder widerwillig - weil unser Wesen sich immer weiter in eine Situation manövriert hat, in der es wegen der vielen Gesichter, die die Unreife trägt, den Eindruck hat, dass ihm ein Großteil seines freien Willens genommen wurde.

Ist das eine »Bestrafung«, die von irgendeiner Macht verhängt wurde? Nein, ganz sicher nicht, um das nochmals klarzustellen. Die Postulate der Religionen sind menschlich, das Heilige der Universellen Intelligenz ist es nicht. Die Liebe als erster Ihrer Bestandteile weiß immer, wo sie »durchgreifen« muss, um Wachstum zu ermöglichen.

Es ist diese Liebe (oder zumindest die Erinnerung daran), die jeden von uns auf der Ebene unseres höheren Bewusstseins innerlich anspornt, eine »Selbstkorrektur« zu beschließen.

Daher muss eine Inkarnation unter nicht voll und ganz erwünschten Bedingungen als Aufforderung, sich selbst aufzurichten, verstanden werden, die eine Seele ihrer Verlängerung in der Materie erteilt. Eine solche Inkarnation hat einen lehrreichen Charakter, der aber leider (mangels Verständnis) nur allzu oft als Ohrfeige erlebt wird.

Man kann gar nicht aufzählen, wie viele Inkarnationen dieser Art es gibt, die einem Leben im Kerker gleichen und dadurch die Verhärtung unzähliger Persönlichkeiten zur Folge haben, die nur immer schnell dabei sind, sich aufzulehnen.

Seelenführer: Ihre Identität und ihre Rolle

Man kann das Phänomen der Reinkarnation und des wahren Sinns des karmischen Gepäcks nicht ansprechen und dabei die Gegenwart und die Rolle der Wesen ignorieren, die in einer inzwischen umfangreichen Literatur als *Seelenführer* bezeichnet werden. Dennoch herrscht immer noch viel Unklarheit über sie. Wer genau sind sie wirklich?

Sie sind gewiss keine »Engel«! In den allermeisten Fällen sind sie menschliche Wesen wie wir, deren innere Entwicklung und erworbenen Kenntnisse sie jedoch zu Lehrern machen.

Ist ein Lehrer perfekt und allwissend? Nein - weder in dieser Welt noch in den anderen. Er ist ein Wesen auf einem Weg der Entwicklung, das ebenfalls lernt und wächst. Das Besondere an ihm ist sein Wille, das, was er verinnerlicht hat, weiterzugeben, und in diesem Fall auf eine liebevolle Weise zu helfen.

Bekanntlich gibt es Lehrer für Kinder, Jugendliche und Erwachsene. Die einen sind nicht wichtiger als die anderen, aber sie gehen auf unterschiedliche Verständnisgrade ein, je nachdem, wie ihre eigene Sensibilität beschaffen ist.

In dem, was allgemein das Jenseits genannt wird, verhält es sich genauso, außer dass die Bindung, die zwischen dem Seelenführer und dem »Geführten« entsteht, die Folge eines natürlichen Anziehungsphänomens ist. Woher kommt diese Anziehung? Oft aus einem ähnlichen früheren Leben, das erschafft, was ich eine gemeinsame »Seelenfarbe« nenne. Oft geht sie auch aus einer alten karmischen Bindung hervor, die eine emotionale, mitfühlende Beziehung entstehen lässt. Doch diese Bindung ist nicht unbedingt bewusst oder bekannt, weder auf der einen noch auf der anderen Seite. Sie ergibt sich ganz natürlich und spontan, das ist alles.

Begleitet uns immer derselbe Seelenführer vom einen zum anderen Ende jenes Raumes jenseits der Zeit, der zu unserem Raum zwischen zwei Leben wird? Nein, nicht unbedingt. Es gibt keine absolute Regel dafür. Alles ist eine Frage von Verbundenheit und Liebe, denn das Gefühl der Zuneigung ist nicht allein Inkarnationen auf der Erde vorbehalten.

Je nachdem werden wir bei unserer Ankunft von einem oder mehreren Seelenführern begrüßt, nachdem sie gegebenenfalls den Übergang des Todes erleichtert haben. Oft übernehmen Angehörige diese Rolle, die vor uns gestorben sind, auch wenn sie noch nicht wirklich die Stufe wahrer Seelenführer erreicht haben. Es gibt auch Seelenführer, deren Aufgabe es ist, uns zu helfen, im Jenseits zurechtzukommen, etwa Eltern, Freunde, Gefährten oder Lehrer. Und dann sind da auch noch die, die uns zwecks unserer Rückkehr in die Grobstofflichkeit eines fleischlichen Körpers Rat erteilen.

Jene, die all das bewerkstelligen und die wir in den zeitlosen Räumen von einer Existenz zur nächsten vorfinden, werden als »Heimatseelen«[7] bezeichnet, da sie eine Achse oder einen Bezugspunkt in unserer Entwicklung bilden.

An jedem Ende dieser Schwingungsräume, die uns zwischen zwei Leben aufnehmen, übernehmen diese Wesen sozusagen die Rolle einer Hebamme beziehungsweise eines Sterbebegleiters, was gewissermaßen dasselbe ist. Im Allgemeinen sind oder werden sie ein Teil dessen, was traditionell unsere »Seelenfamilie« genannt wird.

---

[7] *Siehe »Die ungeborene Seele«, 3. Kapitel desselben Autors.*

Wie bereits gesagt, wird ihnen ihre Rolle von keiner »höheren Autorität« zugewiesen. Sie haben sie genauso gewählt, wie wir in der hiesigen Welt vielleicht Lehrer, Krankenpfleger oder Arzt sein wollen. Vor allem auch genauso, wie wir einfach liebevoll im Herzen, also großzügig und nicht verurteilend, sein können.

Ich bin schon gefragt worden, ob ein Seelenführer immer Seelenführer bleibt. Doch was bedeutet »immer«, wenn es um das Erblühen des Bewusstseins geht? Ganz klar: Nein, denn es kommt immer ein Moment, in dem ein Seelenführer selbst reinkarniert oder dem Leben in einer anderen Existenzsphäre dient. Es ist ein Moment, in dem auch er sich verwandelt, da glücklicherweise nichts statisch ist.

Werden Sie, liebe Leser, »eines Tages« selbst einmal Seelenführer sein? Waren Sie es vielleicht sogar schon, ohne dass Sie sich daran erinnern können?

Alles ist möglich, jeder handelt seinem eigenen Reifegrad entsprechend. Sicher ist, dass der Dienst am Leben stets zu gegebener Zeit in der einen oder anderen Form, in der einen oder anderen Welt notwendig ist, weil es keinen anderen Grund zu leben gibt.

Nicht das Geringste zu erschaffen, bedeutet zu verdorren. Das ist die Lektion, die wir geduldig durch alle Widrigkeiten unserer Reise hindurch lernen müssen.

Bis wir das verinnerlicht haben, gibt es natürlich das Recht, sich dagegen aufzulehnen, und wir alle nehmen es ja auch immer mal wieder in Anspruch ...

Verfehlte Abreisen und verpasste Ankünfte

In unserem mehr oder weniger nahen Umfeld haben wir sicherlich schon alle einmal von einer Fehlgeburt gehört. Vielleicht waren wir sogar auch schon einmal persönlich davon betroffen. Darum geht es hier.

Bei meinen Erkundungen im Unsichtbaren ist mir aufgefallen, dass sehr viele vorzeitig beendete Schwangerschaften auf einen wahren »psychischen Fahrtrichtungswechsel« zurückzuführen waren, den das Wesen auf dem Weg zur Inkarnation vollzogen hatte, und zwar ungeachtet des offiziellen körperlichen oder medizinischen Grundes. Solche Entscheidungen sind auf Ängste und Befürchtungen zurückzuführen, die überhandnehmen, je mehr die Grobstofflichkeit sich bemerkbar macht.

Bedeutet das, dass jemand, der eigentlich hätte geboren werden sollen, schweres karmisches Gepäck und daher einen eher schwierigen inneren Fahrplan hatte? Keineswegs. Schwierig ist relativ. Mit etwas Abstand weiß jeder, dass etwas, das ihm irgendwann einmal als unüberwindlicher Berg vorgekommen ist, bloß ein bescheidener Hügel war. Auch in diesem Fall ist es die höhere Perspektive, die zum entscheidenden Reifeschritt führt.

Im Bauch der Mutter ist jemand, der sich anschickt zurückzukehren, mitunter in der Lage eines Schülers, der eine Prüfung ablegen muss, Panik bekommt und sich fragt, ob er das Handtuch werfen und umkehren soll. Dabei hatte er seinen Stoff eigentlich gut gelernt und hatte auch gute Vorsätze ...

So kann es sein, dass eine Seelen-Persönlichkeit auf ihre Weise »die Schule schwänzt« und lieber nicht daran denkt, dass sie früher oder später ohnehin wieder durch das Schultor gehen muss.

Genauso und noch offensichtlicher ist es für Babys, die mit der Nabelschnur um den Hals geboren werden, wie ein deutliches Zeichen für ihre Weigerung, sich einem neuen Leben zu stellen. Die Angst, dass es ihnen an Liebe fehlen könnte oder eigentlich keine Liebe zu verdienen, führt bei ihnen zu allen möglichen Beklemmungs- und Erstickungsgefühlen.

Geburten »in Steißlage« sind weitere Wege, um unsere Missbilligung zum Ausdruck zu bringen, wenn auch weniger kategorisch.

Auf welche Weise wurden wir geboren? Auf der meditativen Reise, zu der diese Seiten einladen, halte ich es für sinnvoll, dass sich jeder von uns regelmäßig diese Frage stellt, falls er es nicht ohnehin schon tut.

Warum regelmäßig? Weil unsere Antworten darauf sich mit der Zeit immer weiterentwickeln und weil sehr oft, wenn wir unsere vielleicht vagen Erinnerungen und die Erinnerungen unserer Lieben anzapfen, die uns haben »auf die Welt kommen sehen«, wieder komplette Ausschnitte vor uns auftauchen, wie um unseren Weg und unsere Gegenwart zu erhellen.

Die Umstände unserer Geburt können sich als aufschlussreicher herausstellen als wir vielleicht meinen.

Natürlich ist die Geburt nicht der erste Akt eines Stücks, das wir ganz allein als Solisten aufführen! Selbstverständlich gibt es weitere Schauspieler darin: unsere Eltern.

Wie ich schon angedeutet habe, wäre es daher falsch, bei nicht ausgetragenen Schwangerschaften zu sehr zu verallgemeinern. Denn wenn wir der mehr oder weniger klarsichtige Unterzeichner unseres Lebensvertrages sind, müssen wir uns bewusst sein, dass er unweigerlich von denjenigen »gegengezeichnet« und zumindest gebilligt wurde, die uns bei sich willkommen heißen werden und mit denen wir das grundlegende Gesetz des Lebens werden respektieren müssen: das Gesetz des Austauschs und Teilens.

Wer könnte abstreiten, dass sein Fahrplan ständig den Fahrplan anderer beeinflusst und umgekehrt? Im Universum ist alles interaktiv.

Deshalb sind manche Fehlgeburten oder schwere Geburten nicht immer Akte der Rebellion, sondern Lektionen, die an uns herangetragen werden, damit wir hier etwas lernen können.

Ich bin immer wieder von Paaren angesprochen worden, die eine oder mehrere Fehlgeburten oder den »plötzlichen Kindstod« betrauert hatten. Während einige das als Scheitern erlebten und Schuldgefühle entwickelten, stellten andere fest, dass diese Prüfung sie hatte wachsen lassen. Denn dadurch, dass sie gelernt hatten loszulassen, war in ihnen eine Kraft entstanden, durch die ihnen gewissermaßen »Flügel gewachsen« waren. Sicherlich sollte man daher versuchen, solche Ereignisse mit dieser Geisteshaltung durchzustehen.

Aus dieser Art von Prüfungen – die auf eine Verabredung hindeuten – müssen wir schließen, dass *derjenige, den wir erwartet hatten, der aber nicht geblieben ist*, klar einen Auftrag zu erfüllen hatte. Sein Auftrag bestand in einem Vorschlag zum Wachstum, der je nachdem angenommen wurde oder nicht.

Natürlich können wir uns nach dem Ursprung dieses Auftrags fragen, der sowohl das Wesen selbst als auch diejenigen, die es erwarten, fordert. Doch darauf wird es niemals die eine Antwort geben, denn alle Leben und Verbindungen, durch die diese Leben sich kreuzen, haben ihre eigenen Geheimnisse.

Es gibt so viele Geschichten, wie es Bewusstseine gibt, die inkarnieren, um sich kennenzulernen und zu lieben.

Rebellion im Alltag

In Wirklichkeit ist das Kennenlernen eines der Leitmotive der Inkarnation - diejenigen kennenzulernen, die uns bei sich aufnehmen, und diejenigen, denen wir begegnen; sie uns kennenlernen zu lassen und natürlich auch, uns selbst kennenzulernen.

Diesen letzten Punkt vergessen wir oft. Wir vernachlässigen ihn, weil Selbstkenntnis nicht zu den Werten gehört, die uns von unserer Gesellschaft vermittelt werden. Sie ist vollkommen optional und wird uns nicht beigebracht. Daher kommen die zahlreichen Ängste, das Herumprobieren oder im Gegenteil auch die Ansprüche, die uns manchmal so ins Schleudern bringen, dass wir uns unterm Strich nur noch als »Opfer des Lebens« sehen.

Aber ich frage noch einmal: »Was ist das Leben?« oder vielmehr: »Was ist unser Leben?« In jedem Fall ist es die konsequente Projektion von allem, was wir - manchmal über die Maßen - angesammelt, gefürchtet oder erhofft haben, mit immer denselben Grundbedürfnissen: unsere Freiheit zu behaupten und dafür zu sorgen, dass wir geliebt werden.

Da wir nun aber immer wieder mehr oder weniger bewusst versuchen, uns über unsere tatsächliche Geburt hinaus selbst auf die Welt zu bringen, sammeln wir Akte der Rebellion an, also Versuche, »von der Fahrbahn abzuweichen«, um uns selbst zu behaupten. Und das ist auch unser gutes Recht, da nichts festgeschrieben und alles Vorschlag und Bewegung ist.

Die Frage ist, was hier unter »Fahrbahnabweichungen« zu verstehen ist. Wenn es darum geht, mutig zu sein, Strukturen zu durchbrechen, sich aus mitunter verhärtenden Umständen zu befreien, sind das keine »Fahrbahnabweichungen«, sondern ganz klar Befreiungen, Verwirklichungen oder sogar Errungenschaften.

Mit »Fahrbahnabweichungen« meine ich vielmehr den »Verlust der Fahrzeugkontrolle« und ein »Festfahren«, mit anderen Worten eine »toxische Anwendung des freien Willens« und damit auch »Selbstverletzungen«. Wenn sich Kurven ankündigen, müssen wir wissen, wie wir sie zu nehmen haben!

Daher zeigen sich sämtliche Exzesse des Egos und Verblendungen in alltäglichen Formen der Rebellion, im »Neinsagen« zu dem Funken, der in einem Wachstumsimpuls bewirkt hat, dass wir auf die Welt gekommen sind. Wachstum und das Bedürfnis nach Überlegenheit werden leicht verwechselt.

Wir alle wissen, dass solche Akte der Rebellion unser aller Los sind, sie säumen geradezu unseren Weg. Sie zeigen sich in Ungeduld, Stolz, Zorn, Feigheit ... kurz gesagt in allen Ausdrucksformen des menschlichen Egoismus und Egozentrismus.

Gibt es ein wirksames Mittel dagegen? Tatsächlich gibt es eines: die Intelligenz des Lebens selbst, die all das geschaffen hat. Die Ostasiaten nennen es *Samsara*, den Ozean der Reinkarnationen, aus dem wir allmählich herausfinden müssen, um schließlich zu verstehen, »wie es läuft«, und *die* Erinnerung wiederzufinden. Und genau darum geht es hier ...

Auch wenn unsere Welt hart und unerbittlich ist,
kommen heute viele Bedingungen zusammen,
die sehr vielen von uns, die es müde sind in diesem
Ozean zu ertrinken, den Entschluss ermöglichen,
nicht nur zu versuchen »obenauf zu schwimmen«,
sondern auch, in ihm schwimmen zu lernen,
um sich schließlich aus ihm lösen zu können,
wohl wissend, wie sie seinen Wellen trotzen
und seine Gezeiten kommen sehen können.

Weiter oben habe ich die Ärzte von Alexandria und die Bruderschaft der Essener in Galiläa erwähnt, die vor etwas mehr als zwei Jahrtausenden lebten. Die einen wie die anderen hatten das Bedürfnis, verschiedene Methoden zur Reinigung der inkarnierten Persönlichkeit und zur Bewusstwerdung *Dessen* zu entwickeln, das hinter ihrer Maske wohnt.

Das Spiel der Tafeln

Hier ist eine dieser Methoden. Sie ist recht unkompliziert und eignet sich hervorragend zum »Reinemachen« für alle, die sie regelmäßig und aufrichtig anwenden.

Sie hatte die Form eines Spiels. Heute mag uns das überraschen, denn unsere westliche Gesellschaft gibt zwar vor, sich immer mehr dem »Spielerischen« zuzuwenden, aber damit will sie eigentlich nur ihre existenzielle Leere übertünchen. In Wirklichkeit versinkt sie regelrecht darin.

Warum griffen jene Ärzte einst zum Prinzip des Spiels, um eine Methode zur inneren Reinigung zu entwickeln? Es sollte daran erinnern, dass unser Leben an sich ein Spiel ist. Wir würden es heute ein »Rollenspiel« nennen.

Angesichts dessen mussten sich jene, die Weisheit erlernen wollten, des illusorischen Aspektes ihrer eigenen Existenz und ihrer Masken bewusst werden. Deshalb mussten sie ständig auf Abstand zu ihren Erscheinungsformen gehen und hatten die (nahezu heilige, da initiatorische) Pflicht zu lernen, über sich selbst und ihre Schwächen und Stärken zu lachen, sich also selbst nicht allzu ernst zu nehmen.

Die Ostasiaten würden diesbezüglich von *Lila* sprechen, der Wahrnehmung des Lebens als göttliches Spiel, als Erfahrungsraum aller Bewusstseinsformen, die auf der Suche nach ihrer ursprünglichen Wahrheit sind.

Für ihre Übung fertigten die Ärzte eine Reihe von kleinen Holz- oder Tontafeln an, auf die sie jeweils eine menschliche Schwäche schrieben.

Hier sind einige Beispiele; zahlenmäßig sind sie nicht begrenzt, solange wir bei großen Themen oder Prinzipien bleiben: - Ärger - Ungeduld - Impulsivität - Übertreibung - Reizbarkeit - Eifersucht - Neid - Empfindlichkeit - verbale Gewalt - körperliche Gewalt - Feigheit - Intoleranz - Groll - Faulheit - Habgier - Hass - Unnachgiebigkeit - Kontrollbedürfnis - Falschheit - Lügen und so weiter.

Dann wurden alle Tafeln in einem kleinen Leinenbeutel miteinander vermischt, um den herum man sich setzte, wenn man mit der Übung begann.

Sie wurde einmal wöchentlich mindestens ein Jahr lang durchgeführt. Die Regelmäßigkeit und die Dauer mögen uns überraschen oder sogar abschrecken in der heutigen Zeit, in der wir uns daran gewöhnt haben, für alles vorgefertigte, schnelle und garantiert funktionierende Rezepte zu verlangen. Das hieße aber zu vergessen, dass das menschliche Wesen ein bewegliches, oft flüchtiges, vielschichtiges »Material« ist, das seiner ganzen Vielfalt entsprechend gründlich bearbeitet werden muss. Die Heilung seiner Verletzungen und die Glättung seiner Falten, also seine Befriedung, ist daher eine Frage von Beharrlichkeit, Vertrauen und Liebe.

Kommen wir nun zu der Übung selbst.

1. Phase

Sie begann mit einem (improvisierten, da spontanen) »Gebet des Herzens«, bei dem man sich an den Lebensatem im Inneren wandte, auf dass Er so zu uns sprach, wie wir es brauchten, und uns anleitete. Das Gebet musste eindringlich und in Einheit mit dem Göttlichen sein.

2. Phase

Man griff in den Beutel und zog nacheinander jeweils drei Tafeln heraus. Jede Inschrift darauf wies auf eine Schwäche oder eine Untugend hin, an der der Spieler an den darauffolgenden sieben Tagen, also bis zur nächsten Ziehung, besonders »arbeiten« musste.

»Arbeiten« hieß dabei nicht nur, darüber nachzusinnen, sondern vor allem auch, Taten oder Worte folgen zu lassen, die das Gegenteil dessen zum Ausdruck brachten, was auf den drei Tafeln gestanden hatte.

Hatte jemand zum Beispiel die Tafel »Ungeduld« gezogen, dann musste er sich an den darauffolgenden sieben Tagen bemühen, sehr konkret Geduld zu zeigen. Genauso musste er demonstrativen Gleichmut an den Tag legen, wenn ihm die Tafel »Reizbarkeit« untergekommen war.

Jedes Mal, wenn jemand drei Begriffe gezogen hatte, war es üblich, sie auf einem Palmblatt schriftlich auf einer persönlichen Liste festzuhalten.

Heute mag es verwundern, dass Männer und Frauen auf der Suche nach Weisheit und Authentizität sich gemeinsam einer Methode unterwarfen, in der vieles von einer blinden Auslosung abhing. Um das zu verstehen, müssen wir beachten, dass in ihren Köpfen der Begriff »Zufall« nicht existierte. Er war eine Widersinnigkeit, die auf eine Unkenntnis der großen universellen Gesetze zurückzuführen war.

Für sie (wie im Übrigen für alle Mystiker aller Zeiten) existierte eine Höchste Intelligenz, die mittels des Universums der Universen alles veranlasste - wie um so viele Schlüssel zur Weiterentwicklung anzubieten, wie sie erkannt und ergriffen werden mussten, manchmal auch abseits der logisch denkenden Vernunft.

Daher war niemand überrascht, wenn er zum Beispiel die Tafel »Impulsivität« zog, obwohl er sich nicht daran erinnern konnte, sich jemals so verhalten zu haben. Für ihn war das ein Zeichen dafür, dass das Göttliche in seinem Überbewusstsein einen möglichen Bereich für Impulsivität erkannt hatte, der zwar stumm, aber dennoch in seinem Wesen vorhanden war. Es lag eine Lektion in Demut darin, die man lernen musste zu akzeptieren - umso mehr, als einige »Szenarien« sich wiederholen konnten.

3. Phase

Bei jeder Tagundnachtgleiche wollte es schließlich die Tradition, dass alle Teilnehmer der Übung bewusst die Liste mit den Begriffen verbrannten, die sie im Laufe der Monate angefertigt hatten. Damit brachten sie die Hoffnung zum Ausdruck, innerlich vorangekommen zu sein und sich dem zentralen Motiv ihres Lebens ein wenig mehr angenähert zu haben.

Die gesamte Übung konnte einzeln oder gemeinsam durchgeführt werden, wobei es im Wesentlichen darauf ankam, ihre heilige Grundlage, die Regelmäßigkeit, zu respektieren und aufrichtig zu sein.

Dank dieses »Reinemachens« durch Demut und den Willen zur Bewusstmachung dessen, was dem Wesen innewohnt und es (manchmal unbemerkt) verunreinigt, näherte man sich schließlich dem, was sich unter der eigenen Maske verbarg und dem eigenen Lebensweg zugrunde lag. Man beabsichtigte also, nicht allzu sehr bei den Ereignissen zu verweilen, die den eigenen Weg unvermeidlich säumten, sondern bei den treibenden Kräften, die diese Ereignisse auslösten oder unterstützten.

Man verweilte weniger bei den Phänomenen, die dem Wesen Leid brachten, als bei ihren oft zahlreichen Ursachen.

In dieser Verfahrensweise sah man wichtige Elemente einer ganzen Lebenskunst, mit der man versuchte, die eigene Existenz kennenzulernen, indem man ihre inneren Sprungfedern ausfindig machte, um dem eingeschlagenen Weg einen Sinn zu geben.

Der Wille, der eigenen Existenz einen Sinn zu geben ... Die Ärzte der Essener in Galiläa und die Weisen von Alexandria verstanden voll und ganz, dass sie damit ihrem Seelenvertrag näherkamen und sich zugleich um ihr karmisches Gepäck kümmerten.

Selbstmord

Jeder wird zustimmen, dass die Tatsache, freiwillig aus dem Leben zu scheiden, als Rebellion der ultimative Ausdruck des freien Willens ist.

Die Entscheidung ist schockierend und entsetzlich, und die allermeisten Menschen empfinden sie generell als leidvolles Scheitern.

Was ist in Bezug auf den Seelenvertrag eines Wesens davon zu halten? Ist ein Selbstmord von Anfang an als notwendige Erfahrung vorgesehen und geplant?

Nach meinem jetzigen Wissensstand über die Gesetze des Lebendigen würde ich das ganz klar verneinen. Niemand inkarniert mit der »Planung« eines Selbstmords. Allerdings kommen viele in dem Wissen auf die Welt, dass dieses Risiko verborgen in einer geheimen Schublade ihres Bewusstseins existiert und ihr gesamter Wille auf die Probe gestellt werden wird, um nicht in diese Falle zu tappen.

Es ist leicht nachvollziehbar, dass sich diese Falle aus der langen Entwicklung der einzigartigen Geschichte desjenigen ergeben hat. Als möglicher »Plan zur Fahrbahnabweichung« ist sie also die Folge von Erinnerungen, die als zu schweres Gepäck empfunden werden.

Die aktuelle Medizin und Psychologie wird hier womöglich von familiärer und genetischer Veranlagung sprechen, verbunden mit falschen Verhaltensmodellen, die auf die Unwägbarkeiten des Lebens treffen. Das ist gewiss nicht falsch, aber es kratzt nur an der Oberfläche.

Die wahre Frage lautet: Was bewirkt, dass wir in eine bestimmte Familie hineingeboren werden, mit bestimmten Genen und bestimmten geerbten Verhaltensmustern? Die Antwort ist einfach und eindeutig: eine mehr oder weniger gut zu tragende karmische Last, die zwangsläufig alle Ressourcen des Wesens beanspruchen wird.

Dennoch sollten wir nicht vergessen, dass es mehrere Formen von Selbstmord gibt. Die häufigsten lassen sich zweifelsohne auf Verzweiflung und die Wahrnehmung einer Sackgasse zurückführen. Andere ergeben sich aus der Weigerung, körperliches Leid oder einen zu langwierigen Todeskampf zu verlängern. Wieder andere sind so genannte »Ehren-Selbstmorde« in bestimmten Kulturen. Und schließlich gibt es eine Art von Selbstmord, die ehrenvoll zu sein scheint, aber in Wirklichkeit nur der exzessive Ausdruck von verletztem Stolz ist.

Wie die Situation oder der Fall auch sei - in Bezug auf die Tür, die der Selbstmord ist, bleibt jeder dennoch bis zum Ende frei. Und jeder von uns, so viel ist sicher, wird eines Tages in der einen oder anderen Existenz vor seiner eigenen Bewährungsprobe stehen.

Fest steht, dass niemals ein Urteil darüber angebracht ist, und eine Verurteilung noch viel weniger, besonders, wenn sie in Form von religiösen und dogmatischen Argumenten daherkommt.

Leid, was auch immer sein Ursprung sein mag, muss sich im Unsichtbaren nicht noch von der Missbilligung des Sichtbaren drangsalieren lassen, denn das ist es ja schon zur Genüge durch den Schmerz, den es dort unweigerlich erzeugt.

Einige sagen: »Ein Recht auf Selbstmord gibt es nicht.« Aber das ist eine falsche Tatsachenbehauptung, denn uns ist ja der freie Wille gegeben, selbst wenn wir ihn fahrlässig ausüben. Es sollte nur klar sein, dass diese Entscheidung ein Fehler ist, denn so zu handeln ist keine Lösung. Es zeigt sich lediglich eine eingegangene und nicht eingehaltene Verpflichtung darin, mit der wir dann abermals in einem kommenden Leben konfrontiert werden.

Können wir dann also im Hinblick auf einen Fahrplan und Vertrag mit uns selbst von einem Fehler oder Versäumnis sprechen?

Sicherlich ja, aber ich persönlich spreche lieber von einer ultimativen Schwäche. Denn Fehler oder Versäumnisse, von Christen dramatisch »Sünden« genannt, haben etwas furchtbar Beschuldigendes, wodurch das Bewusstsein des Verstorbenen in dem energetischen Raum, der sich ihm öffnet, nur belastet wird.

In gewisser Weise ist ein Leben, wie auch immer es beendet wird, stets der Entwurf oder die Skizze jener Leben, die eine Seele sich zu verwirklichen vornimmt.

4. Kapitel

ZWISCHEN EINSAMKEIT UND VERBUNDENHEIT

Es war Anfang der 90er-Jahre, eine Phase meines Lebens, in der ich noch ab und zu Zeit fand, um bei Menschen, die sich das wünschten, Aura-Analysen durchzuführen. Natürlich handelte es sich dabei immer um Menschen, die Hilfe und gezielte Beratung brauchten und denen es schlecht ging ...

Davids Geschichte

Ich erinnere mich noch an jenen späten Nachmittag, an dem ich einem jungen Erwachsenen, etwa Anfang 20, die Tür meines Arbeitszimmers öffnete. Ich hatte ihn noch nie getroffen, er hatte durch Empfehlungen eines oder zweier Bekannten und durch das Zusammentreffen verschiedener Umstände zu mir gefunden.

Schon auf den ersten Blick und nach wenigen Worten begriff ich, dass er, wie man so sagt, »sein Leben vertrödelte«. Da war keine Motivation, kein Ziel und vor allem keine Lebensfreude in einem Alter, in dem einem eigentlich alles oder fast alles offenstehen sollte. Er glaubte an nichts Besonderes, außer an die vage Existenz der menschlichen Seele und an ein Netzwerk aus Realitäten energetischer Natur, die zum Ausdruck brachten, was ihm innewohnte.

David, wie ich ihn nennen will, sagte von sich, »deprimiert«, aber offen für alles zu sein. Er lebte von kleinen Jobs und wusste nicht, was er mit seiner Zeit anfangen sollte. Immer wieder erwähnte er, ständig den Eindruck zu haben, einen »Rucksack auf den Schultern« zu tragen.

Als ich seine Aura zu lesen begann, um zu verstehen, was sein Leben so belastete, hatte ich zuerst das Gefühl, dass diese Übung zu nichts führen würde. Tatsächlich schien das gesamte »aurische Ei« praktisch erloschen zu sein, als wäre es von innen »eingesogen« worden.

So etwas geschieht manchmal, wenn die Persönlichkeit eines Menschen, der sich energetisch lesen lässt, unbewusst einen Schutzmechanismus auslöst und sich zurückzieht, aus Angst vor dem, was es (vielleicht) zu entdecken gibt. Meistens muss man dann auf die Durchführung verzichten und einen neuen Termin vereinbaren.

Aber diesmal war es nicht so, denn plötzlich sah ich eine Art kleinen Stern in der Mitte von Davids Brustkorb aufleuchten, als er einen tiefen Seufzer ausstieß – ein Zeichen dafür, dass sein Bedürfnis nach »Wissen« größer war als seine Bedenken. Das war der Wendepunkt, an dem sämtliche Schichten seiner Aura sich zu entfalten begannen.

Ich gehe hier einmal über die vielen leuchtenden Manifestationen hinweg, die ich bemerkte und über die ich ihn beim Lesen seines »feinstofflichen Personalausweises« informierte. Sie waren durchaus interessant und nützlich als

Grundlage weiterer Überlegungen, aber im Hinblick auf die vorhandene »Gedankenform«, die ich dort ausmachte, hatten sie nicht viel zu sagen. Sie zeigte sich in einer ziemlich strukturierten energetischen Masse, die anscheinend fest im rechten Bereich seiner mentalen Ausstrahlung angesiedelt war. Sie war in einen »trüben« gelben Schimmer gehüllt und wies graublaue Tönungen auf. Mir war ihre sehr charakteristische Bedeutung bekannt. Die Gedankenform wies zweifelsfrei auf tiefe Schuldgefühle hin.[8]

Wie die meisten Gedankenformen, die stark verwurzelt sind, weil sie tagtäglich gepflegt werden, entwickelte sie sich um etwas herum, das ich einen »Kern« nenne, mit anderen Worten den Keim, der ihre ursprünglichen Informationen enthielt.

Wenn die Bedingungen günstig sind, kann es sein, dass er erkennbare Formen hervorbringt, die immer bedeutungsvoll sind, zum Beispiel ein Objekt oder ein Gesicht. In Davids Fall erkannte ich plötzlich zwei männliche Gesichter. Ich teilte ihm das sofort mit.

Erst einmal kam kein Wort von ihm zurück. David hatte offensichtlich Ausdrucksschwierigkeiten und war nicht imstande, auch nur Überraschung erkennen zu lassen oder zumindest Fragen zu stellen.

Doch dann, nach einer unendlich langen Minute, sah ich plötzlich, wie er lautlos anfing zu weinen und sich auf den Boden setzte. Mit dem Wort »Schuldgefühle« hatte ich den Finger in die Wunde gelegt.

---

[8] *Für weitere Informationen über das Lesen der Aura siehe »Karmische Krankheiten« desselben Autors.*

In solchen Situationen muss man in der Lage sein, sich ebenfalls hinzusetzen, sein Herz zu öffnen und zum Teilen einzuladen. Da nun der richtige Moment dafür gekommen war, begann der junge Mann also zu schildern, was wie eine Beichte wirkte ...

Die Geschichte, die er insgeheim mit sich herumtrug, hatte sich fünf oder sechs Jahre zuvor zugetragen. Er war das jüngste Mitglied einer Gruppe dreier kleiner Diebe gewesen, die unbewachten Häusern oder Anwesen auf dem Land kurze Besuche abstatteten. Es waren nie große Diebstähle ... Sie waren Amateure, und seine Rolle beschränkte sich darauf, Wache zu stehen. Doch als Belohnung bekam er nach seinen Worten immer nur »ein paar Krümel« ab, da man ihm zu verstehen gab, dass er ja schließlich »gar nichts gemacht« hatte.

Gar nichts gemacht, ja eben ... Ein oder zwei Jahre lang redete er sich das selbst immer wieder ein, doch dann holte ihn sein schlechtes Gewissen ein, das sich langsam, aber sicher in Schuldgefühle verwandelte. Es war klar, dass er Komplize bei Einbruchdiebstählen gewesen war. Noch dazu spiegelte seine Passivität ihm das Bild eines Schwächlings, ja sogar Feiglings wider.

All das gehörte nun der Vergangenheit an, die Gruppe war irgendwann auseinandergefallen, ohne dass sie jemals erwischt worden waren. Aber David hatte sich immer mehr in seine eigenen Gedanken verstrickt. Seine Erinnerungen belasteten ihn, und die Schuldgefühle, die er insgeheim hegte, arbeiteten in ihm wie eine ätzende Substanz.

Gemeinsam machten wir eine Bestandsaufnahme. Es war offensichtlich, dass er kein »schlechter Mensch« war.

Aber er erlebte die Auswirkungen eines Karmas, das er in seinem jetzigen Leben aus Schwäche und Unbewusstheit heraus erzeugt hatte und das ihn noch dazu mit zwei weiteren jungen Männern verband.

Singuläres und plurales Karma

Ich habe hier Davids »Fall« geschildert, um unsere Überlegungen über das Karma und den Lebensvertrag noch etwas zu vertiefen. Wer Karma sagt, sagt zwangsläufig auch Beziehung zu anderen. Das Leben ist ein Spiel, das zu mehreren gespielt wird, und manchmal sind es auch mehrere, die dabei wissentlich schummeln. Jeder findet darin seinen Platz? Mitnichten ...

Obwohl David jeden Kontakt zu seinen ehemaligen Freunden verloren hatte, war er unweigerlich in der Dynamik des von mir so bezeichneten *pluralen Karmas* gefangen, einem dieser Mechanismen gegenseitiger Komplizenschaft, in denen Probleme nur weiter eingekapselt werden. Handlungen innerhalb einer Gruppe, ob zu einem löblichen Zweck oder nicht, schaffen auf einen Schlag eine Bindung zwischen allen betreffenden Personen, eine Aufeinanderfolge von Interaktionen, die in der Zeit fortbestehen und zur Folge haben, dass die Personen um denselben Interessensschwerpunkt oder dasselbe Thema herum kreisen.

Ich habe festgestellt, dass es oft schwieriger ist, sich aus dem »energetischen Spinnennetz« eines eher schweren pluralen Karmas zu befreien als aus dem eines individuellen karmischen Abdrucks. Der Grund dafür ist leicht nachvollziehbar: Jede kollektive Dynamik erzeugt im Unsichtbaren eine Art »Absichtskern«, einen Schwingungskern, der nur von allen Akteuren, die ihn verursacht haben, gemeinsam wirklich aufgelöst werden kann.

Deshalb kreisen manche Wesen (die deshalb aber keine »Seelenfamilie« bilden) mitunter ein Leben nach dem anderen um dasselbe Ziel, um dieselbe Grundmotivation, entweder um ein früheres gemeinsames Handeln weiterzuführen und zu perfektionieren oder um die Polarität dieses Handelns umzukehren und so die Konsequenzen früherer Irrwege auszugleichen.

Für den »sinnvollen Lebensgebrauch« halte ich es daher für wichtig zu verstehen, dass alles, was wir kollektiv tun, im Guten wie im weniger Guten, karmische Auswirkungen hat, die uns stärker in eine Richtung binden, als wenn wir allein gehandelt hätten. Daher müssen wir lernen, uns mit den Richtigen zu umgeben, ob auf der emotionalen, der freundschaftlichen oder der beruflichen Ebene.

Es ist eine zeitlose Wahrheit, deren Gründe wir in der Gegenwart oder in der diesem Leben nahen Zukunft durchaus nachvollziehen können. Aber wir erkennen nicht, wie sehr ihre Nichtbeachtung zu wahrhaft »verzwickten Situationen« von einer Existenz zur anderen führen kann.

Wenn wir kollektiv etwas aussäen, sollten wir uns darüber klar sein, dass wir später genauso kollektiv auch ernten ... oder jäten.

Unmittelbares Karma: Ein Ordnungsruf

Ich habe auch deshalb Wert darauf gelegt, Davids Geschichte zu erzählen, um den Begriff des *unmittelbaren Karmas* ansprechen zu können. Die Zukunft im Anwendungsgesetz des Karmas bezieht sich nämlich nicht generell auf ein späteres Leben. Sie findet am Tag nach einem Ereignis genauso wie einige Jahre später statt.

Was sorgt dafür, dass sich der Bumerang-Effekt des Gesetzes von Ursache und Wirkung manchmal bei einer Handlung schneller bemerkbar macht als bei einer anderen? Das ist schwer zu sagen, denn sehr viele Aspekte der heiligen Mathematik des Unsichtbaren sind uns noch völlig unbekannt. Erfreulicherweise, denn sonst würde das Spiel der Evolution verfälscht.

Die Idee der Unmittelbarkeit mag überraschen, wenn jemand wie in diesem Beispiel jahrelang nagende Schuldgefühle entwickelt hat. Aber was sind schon wenige Jahre oder auch Jahrzehnte angesichts der Vielzahl von Leben, die wir alle durchlaufen, um *das* Leben zu erlernen?

Im Übrigen haben meine eigenen Erfahrungen mich zu dem Schluss gebracht, dass die Zeit als Dimension außerordentlich formbar ist, also nicht immer mit derselben Geschwindigkeit abläuft, sich großen kosmischen Zyklen entsprechend komprimiert und auf diese Weise bewirkt, dass wir die Manifestationen des Lebens beschleunigt oder verlangsamt erfahren.

So leben wir zum Beispiel in einem Zeitalter der Beschleunigung. Es ist auch ein Zeitalter, das zur Reinigung der Karmas einlädt, und zwar in einer fast exponentiell zunehmenden Geschwindigkeit.

Da es uns an Abstand fehlt, erkennen wir das nicht immer, aber ohne zu verallgemeinern, bekommen es viele von uns heute in immer schnellerem Tempo mit »Gegenreaktionen« oder »Retourkutschen« in vielfältigen, zahlreichen Situationen zu tun, mit denen wir konfrontiert werden.

Wenn wir einmal darauf achten, stellen wir fest, dass uns heute immer öfter fast sofort Antworten darauf gegeben werden, was wir gerade an Gedanken, Einstellungen oder Handlungen verursachen. Es zerspringen gerade viele Spiegel ...

Alles, absolut alles ist Karma, und der rasante Rhythmus der Jahrzehnte, den wir gerade erleben, ist sozusagen wild entschlossen, uns das zu verstehen zu geben, und lässt dabei die Gegenwart einer Intelligenz durchscheinen, die bis in unsere Zellen hinein an uns rüttelt.

In vielerlei Hinsicht macht sich in unser aller Leben gerade die zunehmende Unmittelbarkeit der Folgen all dessen bemerkbar, was wir oft gedankenlos gesät haben. Auf der kollektiven Ebene ist der beste alltägliche Beweis dafür die ökologische Katastrophe des Planeten, die wir vor weniger als 100 Jahren angestoßen haben.

Was die Entwicklungen auf der individuellen, familiären und freundschaftlichen Ebene betrifft, so kann jeder seine eigenen Beobachtungen machen. Zahlreiche Abszesse brechen auf, während andere sich zurückbilden und die Akteure, die wir sind, einladen, auf allen Ebenen unendlich »beweglicher« zu werden als früher.

Verzögertes Karma

Hier nun eine wichtige Klarstellung: Es wäre irrig zu glauben, dass all das, was wir uns selbst von Leben zu Leben hinterlassen, irgendeinem konstanten Kurs folgt. Damit will ich sagen: Was wir in einer Existenz säen, kommt nicht automatisch in der nächsten zu uns zurück wie ein Tischtennisball.

Die Folgen unseres Handelns und Verhaltens werden ziemlich regelmäßig »in Reserve gestellt«, um uns zwei, drei, vier oder sogar noch viele weitere Leben später »wieder vorgesetzt« zu werden. Denn das faszinierende Gesetz des Karmas jongliert mit dem, was wir als lineare Zeit wahrnehmen, wie ein guter Schachspieler, der seine Züge und somit seine Schläge lange im Voraus plant.

Am Ursprung all dessen können wir nur eine höchste (manche werden sagen göttliche) Intelligenz erahnen, die die Weisheit besitzt, den besten Zeitpunkt abzuwarten, der am günstigsten, weil konstruktivsten, für die Ernte ist.

Wenn wir uns dieser Wahrheit bewusst sind, können wir das durchaus als schwierig empfinden. Sagen Sie einmal jemandem, dem auf seinem Weg sehr viel abverlangt wird, dass in einem künftigen Leben alles einfacher für ihn sein wird - aber nicht unbedingt im nächsten.

Alles, was dem Bereich der Seele und des Geistes angehört, wirkt und reift mit Zeit und Geduld. Auf der Ebene unserer

Inkarnationen in dieser Welt sind wir noch unfähig zu beurteilen, was es mit dem Rhythmus auf sich hat, dem unsere Aussaat und Ernte unterworfen sind.

Leben auf Kredit

Nach den Seelenführern, auf deren Rolle bei unserer Rückkehr in diese Welt ich schon eingegangen bin, muss ich nun auf die sehr großen, lichtvollen Präsenzen zu sprechen kommen, die diesen Prozess erst ermöglichen. Sie werden traditionell als *Meister des Karmas* bezeichnet.

Es handelt sich um Hyper-Bewusstseine, die aus einer uns vorausgegangenen Lebenswelle hervorgegangen sind[9] und deren Rolle es ist, in das Hinabsteigen einer Seele in ein ganz bestimmtes Inkarnationsmuster einzuwilligen oder nicht. Es versteht sich von selbst, dass sich diese Einwilligungen aus unzähligen Umständen und Schwingungsverknüpfungen von extremer Komplexität ergeben, die der menschlichen Intelligenz überhaupt nicht zugänglich sind.

Ich erwähne sie und ihre wichtige Aufgabe hier, um auf ein bestimmtes karmisches Phänomen hinzuweisen, das sozusagen ein »Leben auf Kredit« ermöglicht. Am besten lässt sich das mit einem Beispiel veranschaulichen, auch wenn es vielleicht etwas simpel oder karikatural erscheint.

Stellen wir uns die Seelen-Persönlichkeit von Herrn X vor, die vor der Notwendigkeit steht zu reinkarnieren.

---

[9] *Siehe Seite 142*

Diese Seele hat natürlich ihre Wünsche und Vorlieben, auch wenn sie sich bewusst ist, dass ihre Wahlmöglichkeiten begrenzt sind, da ihr karmisches Gepäck in der einen oder anderen Hinsicht recht »schwer« ist.

Auf den Rat ihrer Seelenführer hin sieht sie also, wie sich »Türen« mit Umständen und Richtungen öffnen ... wäre da nicht die Tatsache, dass sie sich dagegen sträubt und den starken Wunsch nach einer wesentlich angenehmeren, einfacheren Inkarnation äußert als der, die eigentlich für sie infrage kommt.

Ihren Seelenführern gegenüber greift sie zum einfachen Argument eines allgemeinen Versprechens, das sie nur allzu gerne selbst glaubt. Ich gebe es hier in wenigen Worten in Form einer Bitte wieder: *»Gewährt mir das schönstmögliche Leben - Aussehen, Reichtum, Beziehungen, Potenzial -, und ich werde mit all dem viel Gutes bewirken ...«* Natürlich erwidern die Seelenführer, dass das »so« nicht geht, ihr tiefes karmisches Gedächtnis sie dafür nicht vorgesehen hat und es noch vieles gibt, woran sie arbeiten muss ...

Aber die Seelen-Persönlichkeit von Herrn X bleibt beharrlich. Sie wird Gutes bewirken, verspricht sie, und wird auch daran wachsen, davon ist sie überzeugt! Und da ist sie auch vollkommen aufrichtig.

Ihr Wunsch ist so stark, dass sie sich selbst etwas vorlügt und eine Art lebenswichtiges Bedürfnis oder energetische Notwendigkeit daraus macht.

Es ist wie ein »Wellenzug«, der bei den *Meistern des Karmas* ankommt, und sie halten ihr sozusagen die innere Ansprache: *»Es sei dir gewährt. Aber deine Verantwortung in* *diesem Leben wird umso größer sein, je mehr du das Gesetz der Gerechtigkeit herausforderst.«*

All das hat zum Ergebnis, dass Herr X zwar das Lebensmuster bekommt, das er sich so sehr gewünscht hat, damit aber wie ein Kreditnehmer sein wird, der zwar ein faszinierendes Projekt hat, sich aber ganz und gar nicht sicher ist, das ihm gewährte Potenzial auch zurückgeben zu können, da ihm persönliche, ausgereifte Kapazitäten dafür fehlen.

Aber an wen müsste er es eigentlich zurückgeben? An den schönsten Teil seiner selbst, der noch nicht verwirklicht ist, weil er noch nicht bewusst gemacht und erlangt wurde. Bildlich und etwas humorvoll ausgedrückt hat Herr X einen »Kredit« beantragt und erhalten, hat ein »Konto im Himmel« und wird so lange Schuldner sein, wie er seine Verpflichtungen nicht erfüllt hat.

Fälle wie dieser, so prosaisch und karikatural sie auch klingen mögen, kommen häufiger vor, als man in dieser Welt meint. So werden manchen von uns enorme Möglichkeiten zur Aussaat geschenkt. Einige erinnern sich daran, wenn auch vielleicht verspätet, andere haben Gedächtnisschwund, so sehr sind sie von den Fallstricken des Egoismus und der Eitelkeit in Schlaf versetzt worden. Es ist nicht einfach, ein Leben lang bei strahlendem Sonnenschein und einer schönen Brise zu segeln, ohne zu bemerken, dass es so oder so eine ständige Bewährungsprobe ist ... Zweifellos gibt es genauso viele Schiffbrüche wie achtbare Überfahrten.

Das Gesetz des freien Willens hat keine Grenzen. Wir müssen uns nur daran erinnern, dass Harmonie und Frieden erfordern, genauso viel zu geben wie zu erhalten.

Kollektives Karma

Es ist kein Geheimnis, dass wir häufig von großen Katastrophen heimgesucht werden, die immer wieder zahlreiche Opfer fordern. Dabei denke ich zum Beispiel an Flugzeugabstürze, Busunfälle, Explosionen, Terroranschläge oder schreckliche Kriegsmassaker.

Hier stellt sich immer die Frage: Was hat dafür gesorgt, dass alle diese Menschen dort und nicht woanders genau in diesem Moment zusammen waren? Das Schicksal? Das ist tatsächlich ein praktischer, neutraler Begriff, um von Karma zu sprechen – von gemeinsamem Karma, bei dem alle Fahrpläne zusammenlaufen, die dafür erforderlich sind.

Ich habe schon die aktive Existenz einer heiligen Mathematik des Unsichtbaren erwähnt. Für mich ist klar, dass sie in solchen Fällen zum Tragen kommt. Aus den schon genannten Gründen müssen wir uns davor hüten, von Bestrafungen oder Irrwegen des Lebens zu sprechen.

Auch wenn es schwierig ist, solche Situationen mit Abstand zu betrachten, verweise ich dennoch jedes Mal auf eine Art »energetische Tasche«, die manche Menschen gemeinsam haben. Das bedeutet nicht, dass sie zu irgendeinem Zeitpunkt in ihrer Vergangenheit Teil derselben Gruppe gewesen sind, sondern dass das Gepäck ihrer Erinnerungen Ähnlichkeiten und Analogien aufgewiesen hat, die geeignet waren, sie zu einem ganz bestimmten Augenblick zusammenzuführen, um sie gleichzeitig derselben Prüfung zu unterziehen.

Wenn es uns (und sei es nur von Zeit zu Zeit) gelingt, uns in die Höhen des Bewusstseins zu begeben, erhalten wir die Gewissheit, dass der Übergang, den der Tod darstellt, erst recht, wenn er plötzlich und gewaltsam eintritt, nichts mit einer Art Bestrafung oder Ungerechtigkeit zu tun hat. Vielmehr nehmen wir diesen Übergang dann als Neustart des Lebensweges eines Wesens wahr, als entschiedenen, oft schmerzhaften und sogar schockierenden Neustart, vor allem für die Angehörigen, dessen Geheimnis und Notwendigkeit jedoch zu respektieren sind.

Ich glaube sagen zu können, dass sich die Weisheit auf dieser Verständnisebene nicht auf ein vages philosophisches Konzept beschränkt. Sie wird entdeckt und gelebt, indem allmählich bestimmte Wahrnehmungen erblühen und sogar intime Durchbrüche des Heiligen stattfinden. Dieser Zustand verbindet uns mit einem Aspekt der Überintelligenz des Göttlichen, einer Intelligenz, die sich immer »langfristig« zum Ausdruck bringt.

Wie lässt sich das einer Gesellschaft vermitteln, in der nichts getan wird, um auf solche höheren Verständnisebenen zu gelangen? Sicherlich durch Geduld und Liebe und das langsame Wirken befriedender Ideen, an denen es ihr mangelt. Diese Befriedung wäre freilich nicht ohne eine neue, ganzheitliche Lebensauffassung vorstellbar, die sich von impulsiven alltäglichen Verhaltensweisen löst.

Der Widerstand gegen das scheinbar Unverständliche, das wir dem Zufall oder irgendeiner absurden, grausamen Ordnung der »Dinge« zuschreiben, muss mitfühlend angehört und akzeptiert werden, denn er ist ja »instinktiv« legitim. Aber wir müssen alles dafür tun, dass wir nicht in diesem Zustand stecken bleiben.

Immer wieder kann ich nur die Seelenstärke einiger weniger bestaunen, denen es beim Verlust geliebter Menschen, oft bei einem dramatischen kollektiven Ereignis, gelingt zu sagen: »Ich werde mich nicht in den Teufelskreis des Hasses hineinziehen lassen.«

Wissen sie, dass sie mit dieser Aussage und der Weigerung, sich rächen zu wollen, nein zur Auslösung einer neuen, schrecklichen karmischen Dynamik sagen?

Wissen sie auch, dass sie damit auf die lichtvollste Art und Weise, die es gibt, erfolgreich eine der schwierigsten Prüfungen ihres Lebensvertrags bestehen?

Wahrscheinlich ahnen sie auch nicht, dass ihr Sinn für Vergebung und ihr Wunsch nach Frieden die Fortgegangenen erreichen werden, um sie zu ihrer neuen Wohnstatt zu begleiten.

Diese stille Weisheit und Mitgefühl als zentrales Motiv zu erlernen, ist Teil unseres Seelenvertrags. Wenn wir inkarnieren, wissen wir nie, ob wir die Hoffnungen erfüllen werden, die wir in uns selbst gesetzt haben ...

Machen wir uns vor diesem Hintergrund klar, dass es überaus wichtig ist, uns regelmäßig Zeit zu nehmen, um über den Sinn nachzudenken, den wir unserem Leben geben wollen. Bekräftigen wir unsere Absicht, unsere Verabredungen nicht zu versäumen, die schönsten wie auch die herausforderndsten und bedeutsamsten.

An dieser Stelle möchte ich noch das Beispiel einer jungen Afrikanerin erwähnen, die, nachdem sie nach der Zerstörung ihres Dorfes missbraucht worden war, ein Baby auf die Welt brachte, das aus dieser Vergewaltigung entstanden war.

Einige Jahre später sagte sie, dass sie immer nur Liebe zu diesem Kind empfunden hatte. Trotz ihrer traumatischen Erlebnisse betrachtete sie die Ankunft ihres Babys als Verabredung, die sie mit seiner Seele vereinbart hatte und sie hatte wachsen lassen, und als eine Verpflichtung, die sie vor allem anderen zu erfüllen hatte.

Ein Gesamtvertrag für unsere Menschheit?

Wenn wir einen Schritt zurück vom Individuum zum Kollektiv gehen, ohne uns dabei Grenzen zu setzen, gelangen wir automatisch zu der Frage, ob es eigentlich einen allgemeinen Fahrplan für unsere gesamte irdische Menschheit gibt.

Ist das eine irrige Annahme - ein Fahrplan, der ebenso aus einem allgemeinen Karma unserer gesamten Spezies herrührt? Nein, das ist es nicht. Es ist sogar eine Gewissheit! Von den Sphären des Unsichtbaren aus und aus kosmischer Sicht stellt unsere Menschheit ein vollständiges Wesen mit Körpern und einem Organismus dar. Jede Ethnie und jedes Volk funktioniert darin wie ein System mit charakteristischen Eigenschaften und einer eigenen Aufgabe.

Unsere Menschheit hat folglich ihre eigene Geschichte und damit auch ihr eigenes kollektives Gedächtnis, das alle ihre Kulturen und unzähligen mehr oder weniger ruhmreichen Abenteuer umfasst. Es ist wie bei einem Individuum, das sich von Leben zu Leben hangelt, hin zu einem »Immer mehr«, das es erahnt, aber nicht wirklich erkennt.

Jeder von uns kann sich sicher sein, bereits alle Hautfarben und Morphologien und auch eine unermessliche Zahl an Traditionen durchlebt zu haben. Und auch wenn uns einige davon durch das natürliche Bewusstseinsphänomen der »Spezialisierung« oder Anziehung mehr »an der Seele liegen« als andere, wäre es inkonsequent zu glauben, dass wir nicht alle Mitglieder derselben großen Familie sind, die die Aufgabe haben, in ihrer bereichernden Vielfalt zu einer Einheit unendlicher Fülle zu verschmelzen.

Unsere Menschheit hat also insgesamt ein Karma und einen Fahrplan? Ja, definitiv - aber in Bezug worauf? Zunächst einmal in Bezug auf das gesamte »im Aufbau befindliche« Wesen, das sie verkörpert, und auf die Aufgabe, die sie in sich trägt: die Harmonisierung aller menschlichen Lebensformen, die aufgrund unendlich vielfältiger Ursprünge zunächst einmal schwierig miteinander kompatibel sind. Und schließlich auch in Bezug auf die anderen Menschheiten, die sich hier und da im Universum entwickelt haben und deren Verwirklichung einer weiteren großen Familie durch unsere Inkompetenz gebremst wird.

Bei all dem kann einem leicht schwindelig werden, aber alles läuft auf die Öffnung der inneren Grenzen hinaus, die wir unweigerlich »eines Tages« individuell und kollektiv werden überwinden müssen. *Weil die Zelle ohne das Organ nichts bedeutet, weil das Organ seine Bestimmung in dem System findet, an dem es teilhat, und weil dieses System lebensnotwendig für das Wesen ist, das wiederum selbst auf den Ruf nach Wachstum und Ausdehnung reagiert ... Und so weiter bis in alle Ewigkeit.*

Natürlich existieren innerhalb dieses kollektiven Karmas, das uns alle, ob wir es wollen oder nicht, miteinander verbindet, wiederum eine Art allgemeine Seelenverträge. In ihnen sind Aufgaben und Verantwortlichkeiten für jede Ethnie und Kultur je nach ihren Potenzialen und ihrer Sensibilität festgeschrieben.

Jedes Volk und jede Ethnie trägt also zu gegebener Zeit in bestimmten Zyklen ihren unerlässlichen Teil zum großen Puzzle unserer Menschheit bei. Die Fackeln werden übergeben und bedingen sich gegenseitig nach dem Gesetz von Ursache und Wirkung. Leider ist es noch nicht möglich, genauer auf dieses Thema einzugehen, ohne für böses Blut zu sorgen, so sehr sind die Intelligenz der Vergebung und der Sinn für Mitgefühl noch allzu oft »Mangelware« auf dieser Welt.

Der erste aller Ärzte

Wenn wir uns all die Unebenheiten in uns bewusst machen, an denen wir feilen müssen, und all die Mauern, die wir überwinden müssen, kann das schon entmutigend wirken – vor allem, wenn wir erkennen, dass unser individueller Fahrplan unweigerlich in unterschiedlichem Ausmaß mit kollektiven Inkarnationsverträgen verbunden ist, die wir gar nicht kennen.

Diese Entmutigung ist eine Phase, die uns klar sein muss, umso mehr, als sie im Laufe der Zeit immer wieder zurückkehrt und dabei manchmal sehr beharrlich sein kann. Sie entsteht meist durch eine Mischung aus emotionaler Anfälligkeit und gedanklichen Verrenkungen.

Sie zu kennen, ist natürlich keine Abhilfe an sich, aber es trägt dazu bei, uns selbst zu behaupten und uns an die fundamentale Wirklichkeit unserer eigenen Achse zu erinnern, des Dreh- und Angelpunktes *Dessen*, das in uns wohnt und unseren Ursprung und unser Ziel in sich vereint.

Solche Phasen der Entmutigung treten gerade besonders häufig in den Jahrzehnten unserer heutigen Zeit auf. Durch die Überfülle an Informationen und Falschinformationen und das immer schnellere Auftreten zahlreicher karmischer Knoten, mit all der damit einhergehenden Wut und Empörung, bilden sich mühelos wahre psychische Spinnennetze um uns herum. Wie können wir uns darin nicht verfangen, und wie können wir es zumindest schaffen, uns daraus zu befreien?

Darauf gibt es keine vorgefertigte Antwort, da unser freier Wille uns zum Kapitän unseres Schiffes macht. Aber es gibt einen Ariadnefaden, der nicht dazu bestimmt ist, ein Netz auszuspannen, sondern der uns eine Richtung vorschlagen kann.

Diesbezüglich erinnere ich mich an eine Frau, die ich innerhalb von etwa zehn Jahren einige Male getroffen habe und die mehrere Jahre den meist so genannten »Weg der persönlichen Entwicklung« gegangen war. Dem waren einige »initiatorische« Erlebnisse gefolgt. Sie hatten sie zu einem Menschen gemacht, der recht zufrieden mit sich und vorsichtig überzeugt von seinem Wissen und seiner Meisterschaft war. Also eine im Großen und Ganzen klassische Situation ...

Nach einigen Treffen vergingen mehrere Jahre, ohne dass mir die Frau wieder begegnete, sodass ich ihre Existenz schon fast vergessen hatte. Doch dann erwähnte sie eines Tages jemand in einem Gespräch.

»Kannst du dich noch an Sylvie erinnern? Sie hat eine Menge Probleme bekommen. Ich weiß, dass sie vor drei Jahren ihren Job verloren hat und sich danach ein Bein gebrochen hat – kurz bevor ihr Partner eine Bauchspeicheldrüsenentzündung bekommen hat. Er ist wieder gesund geworden, hat sie aber kurze Zeit später verlassen. Anscheinend hat sie danach Depressionen bekommen. Seitdem habe ich nichts mehr von ihr gehört.«

Es sollten noch zwei oder drei Jahre vergehen, bis ich Sylvie dann plötzlich wieder begegnete. Zuerst erkannte ich sie fast nicht wieder. Sie war nicht mehr dieselbe. Angefangen beim Klang ihrer Stimme, die erstaunlicherweise weicher und leiser war als früher, hatte sich vieles an ihr verändert. Ganz offensichtlich war sie weit gekommen. Sie redete nicht mehr einfach nur, um zu reden, hatte nichts mehr zu beweisen, was die sanften Fältchen um ihre Augen hinlänglich bezeugten. An jenem Tag war Sylvie also nicht redselig, sondern sprach einfach und genau. Sie schilderte mir ihren (für sie unvorhersehbaren) Sturz in den Abgrund der Depression, ein Jahr später gefolgt von der Begegnung mit einem Menschen, der ehrenamtlich in einem Zentrum für gemeinschaftliche Selbsthilfe arbeitete.

Da er nicht lockergelassen hatte, wollte sie ihm schließlich einen Gefallen tun und begann, ein wenig ehrenamtlich zu arbeiten. Zuerst ein paar Stunden pro Woche, dann ganze Tage. Und dabei war nach ihren Worten ihr Herz »explodiert«, erst vor Ergriffenheit, dann vor Zuneigung und dann vor Mitgefühl, ein Wesenszustand, den sie so noch nie erlebt hatte.

Ich erinnere mich noch an die Worte, die sie in diesem vertrauensvollen Moment zu mir sagte:

»Durch die Geste des Gebens habe ich gemerkt, wie meine Schale Risse bekommen hat und schließlich zersprungen ist. Als ich nach vielen Prüfungen in meiner düsteren Nacht versunken bin, habe ich das Gefühl gehabt, dass ›das Universum‹ (wie ich es genannt habe) sich über mich lustig gemacht hat und mir alles vorgesetzt hat, von dem ich immer geglaubt hatte, es niemals erleben zu müssen. Ich hatte mich doch so in ›positivem Denken‹ geübt! Ich, die sich so sehr mit sich selbst beschäftigt hatte und sich eingebildet hatte, sich selbst zu vervollkommnen, hatte die ganze Zeit einfach nur Nabelschau betrieben.«

Mit unbestreitbarem Humor erklärte Sylvie mir, dass sie jahrelang der Mittelpunkt ihrer eigenen Welt gewesen war. Sie hatte sich bei den kleinsten Scherereien und Beschwerden aufgehalten, hatte innerlich daran »herumgekratzt« wie an Mückenstichen, und sich damit am Ende selbst geschadet.

Über all das vergaß sie den Rest der Welt, ohne es überhaupt zu bemerken, praktizierte fast fanatisch »Wundermeditationen«, um »ihr Karma reinzuwaschen«, und blickte zwischendurch kurz zu ihrem Partner - ohne ihn dabei wirklich zu sehen. Erst sein Fortgehen brachte sie in die Wirklichkeit zurück, aus der sie geflüchtet war, und zeigte ihr nach und nach, wie kurzsichtig sie geworden war.

Mit den hochherzigsten Vorsätzen der Welt hatte sie sich in Wirklichkeit »den Bauch mit sich selbst vollgeschlagen«, bis am Ende jeder lebendige Austausch unmöglich geworden war.

Sie musste also akzeptieren, ihre von ihr so genannte »kleine Person« beiseitezustellen, um den inneren Fluss des vitalen Atems - ihre Lebensfreude - wiederherzustellen.

Jetzt verstand sie den wahren Sinn des Dienens und konnte sich so aus ihrer dunklen Nacht befreien.

Mit dem Rücken zur Wand hatte Sylvie den ersten aller Ärzte entdeckt: die Gabe. Nachdem sie ihr wieder »im Rückwärtsgang« begegnet war, war ihr schnell ihre heilende Macht klar geworden, die sich oft unvermutet zeigt, sowohl für den Gebenden als auch für den Empfangenden.

Für mich bestand kein Zweifel, dass etwas in ihr eine der Kreuzungen auf ihrem Lebensweg erkannt hatte. Es war eine Kreuzung, die sie allerdings nicht hätte entdecken können, wenn sie zuvor nicht in eine Sackgasse geraten wäre.

Sie musste vom Egozentrismus zum Altruismus finden. Ihr Glück war, dass sie darauf aufmerksam geworden war und erkennen konnte, dass der Engpass, in den sie auf ihrem Weg geraten war, eigentlich eine ausgestreckte Hand war. Sie stammte aus ihrer Vergangenheit und sollte sie wieder hin zu ihrer wahren Natur führen.

Sylvie ist kein Einzelfall, und ich bin überzeugt, dass viele von uns in ihrem Leben wesentlich mehr Chancen zur Veränderung erhalten, als sie meinen. Es kommt darauf an, aufmerksam zu sein und auf sie zu achten. Was wir Schicksal nennen, ist ein »Meister der Tarnung«.

Ich bin auch davon überzeugt, dass ein Großteil unserer Menschheit kurz vor etwas steht, das wir beginnen als »Quantensprung« zu bezeichnen, und sie wohl oder übel keine andere Wahl haben wird als den Weg des Dienens, also des Altruismus, zu gehen, wenn sie sich weiterentwickeln will.

Und schließlich bin ich mir auch sicher, dass sie Situationen begegnen wird, die sie dazu einladen werden, ihre alten Fesseln abzustreifen. Ich meine damit nicht unbedingt einfache Begegnungen, aber sie werden zielgenau und wirkungsvoll sein ... Und wer mir in diesen Überlegungen bis hierher gefolgt ist, weiß das innerlich auch selbst.

Es heißt, dass wir immer ernten, was wir säen.
Aber wer versteht, dass die Jahreszeiten der Erde
nicht unbedingt die Jahreszeiten der Seele sind?
Daraus erwächst viel Bitterkeit ...
und sie müssen wir überwinden lernen.

5. Kapitel

KARMA UND VIELE FRAGEN

Wer offen und empfänglich für die Ideen der Reinkarnation und des Karmas ist, sieht sich immer mal wieder mit einer Menge Fragezeichen konfrontiert. Es sind Fragen wie endlose Refrains, die sich aus eigenen Überlegungen wie auch aus kleinen Provokationen in meist kontroversen Gesprächen ergeben.

Hier sind einige dieser Fragen, die am häufigsten zur Sprache kommen und manchmal sogar zu Stolpersteinen auf einem oft sehr gewundenen Pfad des Wachstums werden.

Erfolg und Misserfolg

Es war vor bereits ... einiger Zeit. Eine Freundin und ich saßen vor einem Kamin und redeten. Gerade hatte sie sich nach wenigen Jahren Beziehung von ihrem Mann getrennt. Den Tränen nahe, wirkte sie sehr verbittert, denn sie war absolut davon überzeugt gewesen, in ihm den Richtigen gefunden zu haben, mit dem sie den Rest ihres

Lebens verbringen würde. In unserem Gespräch, in dem ich ihr vor allem zuhörte, fiel mir auf, dass ihre Bitterkeit nicht nur mit der von ihr so genannten »verlorenen Liebe« zu tun hatte, sondern auch mit dem Gefühl, sich zutiefst getäuscht zu haben.

Sie war völlig desillusioniert, weil sie ihre Ehe als persönlichen Misserfolg sah, der sie Jahre gekostet hatte, da er sie auf einen »Holzweg« geführt hatte, wie sie es nannte.

An dieser Situation ist nichts Besonderes, auch nicht an dieser Sichtweise. Was diese junge Frau erlebt hat, erleben Millionen Menschen ständig überall auf der Welt. Eine Trennung, eine Zurückweisung oder ein Verlust werden auf sehr vielen Ebenen ganz allgemein als Misserfolg wahrgenommen.

Und was sich über Liebesbeziehungen und Freundschaften sagen lässt, gilt genauso auch für andere Bereiche, nicht zuletzt für die Berufswelt, wo etwa ein Scheitern oder eine Kündigung spontan wie eine Ohrfeige des »Lebens« empfunden wird, die zu Selbstzweifeln führt. Natürlich können wir uns dann sagen, das sei ja auch logisch, weil eben kein »Erfolg« da war.

Aber rückblickend lassen sich die Dinge auch anders sehen: Nämlich dann, wenn wir eine gewisse Wegstrecke zurückgelegt haben und erkennen, dass nicht alles immer zwangsläufig in Begriffen von Misserfolg und Erfolg zu verstehen ist, wir uns also erlauben, die duale Wahrnehmung des Lebens hinter uns zu lassen.

Was bedeutet es, Erfolg oder Misserfolg zu haben? Hinter vielen offiziellen Beziehungen und sozialen Erfolgen verbergen sich Lügen, Heuchelei und eher ernüchternde Auffassungen. Kurz gesagt gibt es Schein und Sein.

Was fordert vor diesem Hintergrund unser Seelenvertrag von uns? Das ist die erste Frage, die wir uns stellen sollten. Vor allem fordert er von uns, wahrhaftig zu sein und zu wagen, etwas in Angriff zu nehmen, voranzukommen und zu erleben, was unser karmisches Gepäck inszeniert, damit wir an Reife gewinnen. Und etwas zu erleben, bedeutet bekanntlich, Risiken einzugehen. Mitunter bedeutet es auch zu stolpern oder gar zu fallen, aber vor allem bedeutet es zu lernen, uns selbst weiterzuentwickeln.

Von den Höhen des Bewusstseins aus betrachtet ist der Begriff des Misserfolgs also falsch. Er ist illusorisch, weil er im Bereich der Seelen-Persönlichkeit, also des Egos, angesiedelt ist.

All das ist natürlich leicht dahingesagt und wesentlich schwieriger zu verinnerlichen. Trotzdem muss man es aussprechen und weitergeben, denn je mehr wir zulassen, dass sich Begriffe wie Kampf, Erfolg und Misserfolg verfestigen, desto mehr verlieren wir uns in Automatismen der Anspannung, Bedrängnis und Frustration.

Es gibt das, was wir erleben müssen, um das Leben zu erlernen, und es gibt das, was wir gerne erleben möchten, um zuversichtlich auf das Morgen zu schauen.

Die größte Missachtung des Atems, der uns bei unserer Geburt geschenkt wurde, würde darin bestehen, uns niemals für etwas einzusetzen, niemals einen Schritt zu wagen, weil wir uns ja »irren« könnten.

In diesem Sinne ist der Begriff des Misserfolgs an sich absurd und widersinnig, was den letztendlichen Sinn unseres Erlebens betrifft.

Genau das habe ich damals in jenem Kamingespräch meiner Freundin verständlich zu machen versucht, die so einen verbitterten Eindruck auf mich machte. Ich weiß nicht, ob sie den Sinn meiner Worte wirklich erfassen konnte, denn es ist immer schwierig, sich aus dem Räderwerk eines der tückischsten Egregore der Menschheit zu lösen: dem Urteil durch Mehr oder Weniger.

Mein eigener Fahrplan hat immer alles daran gesetzt, um zu erreichen, dass ich mich schon seit Langem traue zu sagen: *»Ich bin reich an Verlusten.«*

Wie viele so genannte Misserfolge haben uns ermöglicht, einen anderen »Raum« des Lebens, der Atmung, zu entdecken, andere Menschen, die uns lieb und teuer geworden sind, eine andere Liebe oder unverhoffte Fähigkeiten? Kurz gesagt: neue innere Himmel ...

Ich habe es schon einmal erwähnt: Wir alle sind Umstände, mit anderen Worten Türen, füreinander. Der Begriff »Umstände« ist hier keinesfalls abwertend gemeint. Ein Umstand zu sein bedeutet, Begegnungen zu ermöglichen, oder auch, zu einer Gelegenheit für ein Wiedersehen oder für neue Entdeckungen zu werden.

Wie lange dauern Begegnungen oder Wiedersehen? Vielleicht sehr lange oder sehr kurz. Niemand weiß es, allenfalls unser höheres Bewusstsein.

Am wichtigsten ist es, sich zu bemühen, darin immer »etwas« zu erkennen, das zu erleben war, um eine unvollendete Geschichte abzuschließen, eine in der Schwebe zu belassen ...

oder auch, eine andere zu beginnen und so einen neuen »Faden« ins Unsichtbare zu werfen.

Vor diesem Hintergrund möchte ich also betonen, wie notwendig, ja sogar dringlich es ist, radikal unsere Sichtweise auf die Ereignisse unseres Lebens zu verändern, die es mitunter unerwartet und nur allzu oft leidvoll durcheinanderbringen.

Der Schmerz, der durch Erschütterungen oder Trennungen, welcher Art auch immer, ausgelöst wird, lässt sich gewiss nicht vermeiden. Alle Arten von Trauer müssen durchlebt werden, denn sie haben eine lehrende Funktion. Trotzdem sollten wir uns davor hüten, darin zu verbleiben und zu stagnieren und deswegen in Groll, Ärger, Selbstabwertung, Erschöpfung und Bitterkeit zu versinken, denn das sind genau die Zutaten, die eine »dunkle Nacht der Seele« braucht, um sich in uns einzunisten.

Die veränderte Sichtweise darüber, was Erfolg und Misserfolg ist, also das tiefe Verständnis, welchen Sinn der Weg hat, den ein Leben verkörpert, betrifft vor allem die »kollektive Kultur«, oder, wenn wir so wollen, die »Philosophie des Lebens«. Aber wie entstehen eigentlich solche Philosophien oder Kulturen?

Durch »Kontamination«, durch das Gesetz der Gedankenformen, die zusammenfinden und Egregore bilden, in denen Konfrontation, Dualität, Leistung, Regelbefolgung und Äußerlichkeiten über allem stehen.

Wenn wir uns zutiefst bewusst werden, wie diese subtile, verhängnisvolle Mechanik entsteht, die von der Horizontalität der menschlichen Gedanken genährt wird, erhalten wir einen unerlässlichen Schlüssel zu unserer Weiterentwicklung.

Denn das Prinzip der »Kontamination« ruft tatsächlich nach dem Prinzip der »Dekontamination«.

Beginnen wir also individuell, indem wir unser Leben und den ihm zugrunde liegenden Fahrplan aus einem anderen Blickwinkel betrachten, und entfernen wir daraus so viele kulturelle und verhaltensbezogene Konditionierungen unserer Gesellschaft wie möglich.

Je mehr von uns so handeln und vor allem so sind, umso mehr werden wir eine Gemeinschaft bilden, die ein echter subtiler Gegenpol zu all den reflexhaften Automatismen sein wird, die so viele Aspekte der Dualität befeuern.

Wenn wir in uns einen Wandel anstoßen, wie wir die heiligen Mechanismen des Lebens und ihre letztendliche Funktion sehen, pflanzen wir damit auch einen Kern, der diesen Keim im gemeinschaftlichen Garten der Menschheit in sich trägt.

Begegnungen und Irrwege

In einem schnelllebigen Jahrhundert, in dem sich oft die Ereignisse zu überschlagen scheinen, hat gewiss jeder von uns schon zumindest einmal das Gefühl gehabt, an einen Kreuzweg seines »Schicksals« gelangt zu sein. Es ist ein bedeutender Moment, in dem wir eine Wahl treffen müssen und es von unserer Entscheidung (und sei es auch nur unserer Passivität) abhängt, wie unser Weg weiter verlaufen wird. Ein entscheidender Moment, der manchmal aufregend oder stressig ist, aber im Grunde immer Fragen enthält. Ein Moment, in den wir uns hineinwerfen, in dem wir zögerlich verharren oder in dem wir einen Schritt zurück machen.

»Und wenn es nicht der oder die Richtige, nicht die richtige berufliche Orientierung, nicht die richtige Entscheidung war?«

Wenn wir diese Frage etwas weiter fassen, könnte unser Leben letztendlich nichts weiter sein als eine Aufeinanderfolge von Fragen und Entscheidungen, in der der kleinste scheinbare Ausrutscher leicht wie ein Irrweg aussehen kann.

Aber gibt es in Wahrheit überhaupt Irrwege? Auf jeden Fall gibt es Sackgassen. Sind diese dann Irrwege im engeren Sinne des Wortes?

Ganz sicher nicht! Es sei denn, dass wir irgendwo in den Tiefen unseres Fahrplans die Idee akzeptiert haben, in eine Sackgasse zu geraten, die wegen unserer mangelnden Erfahrung wie ein Irrweg aussieht ... In diesem Fall kann ich sagen, dass diese Entscheidung weitgehend von einem Inkarnationsführer als Lehrprüfung vorgeschlagen worden sein könnte. Das kommt häufiger vor – man nennt es nicht »sich irren«, sondern »sich selbst die Möglichkeit geben zu wachsen«!

Die einzige Frage, die wir uns also bei so etwas stellen sollten, lautet: *»In der Zeit, als ich diese Wahl getroffen habe, was hat da mein Herz geleitet?«* Wenn wir uns nicht selbst belügen, kann die Antwort, wie sie auch ausfällt, nur konstruktiv sein. Und das wird sie besonders dann sein, wenn wir feststellen, dass gar nicht unser Herz federführend war, sondern ein anderes Ausdrucksmittel unserer menschlichen Maske ... Jedem seine eigene Erkenntnis!

Was wollen wir in dieser Welt lernen?

Um diese Frage zu beantworten, müssen wir zunächst einmal die Idee akzeptieren, dass wir auf die Welt gekommen sind, um zu lernen, und nicht einfach, um uns wie im Selbstbedienungsladen alles zu nehmen, was uns gefällt.

Mit anderen Worten braucht die Antwort ein Mindestmaß an Bescheidenheit oder zumindest Offenheit und innerem Gleichgewicht. Das klingt zwar banal, aber haben Sie jemals bemerkt, dass auffallend viele Menschen (aus allen sozialen Schichten) meinen, dass ihnen viele Dinge automatisch zustehen?

Durch wen oder was stehen sie ihnen zu? In Wirklichkeit wissen sie es nicht einmal selbst, weil die Natur ihrer Persönlichkeit sie nicht dazu veranlasst, diese Frage zu stellen. Sie sind unfähig, sich bewusst zu machen, dass ihre eigene Funktionsweise sie dazu treibt, sich selbst in den Mittelpunkt zu stellen. Mit diesen »geistigen« Voraussetzungen ist es für sie eine schwierig anzunehmende Herausforderung, das Geschenk des Lebens als lange Lernzeit anzusehen.

Und ihr Dasein ist für sie umso unangenehmer, ja sogar schmerzvoller, als es sie ständig unzufrieden, frustriert und zum Opfer macht ...

Aber wir können nicht heilen, was uns wehtut, ja noch nicht einmal eine Behandlung in Betracht ziehen, wenn wir nicht akzeptieren, in der Lage eines Schülers oder idealerweise eines Jüngers zu sein. Ja, eines Jüngers ... eine Bezeichnung, die leicht verunsichern kann, weil sie eine Hinwendung zum Heiligen voraussetzt.

Kommen wir also auf unsere Frage zurück: *Was wollen wir in dieser Welt lernen?*

Für einige, die klarer sehen als andere, ist die Antwort einfach. Allein die Rückschau auf ihre Chancen und Hindernisse wird es ihnen verraten. Vielleicht wird es einfach Bescheidenheit sein, Willenskraft, Geduld, Mäßigung, Beharrlichkeit, Kreativität, Freude ... Die Liste kann sehr lang sein, denn das Spektrum des menschlichen Wesens ist vielfältig und bunt.

Für andere wiederum wird diese Übung extrem komplex sein, aus Gründen, die in ihrer eigenen Geschichte, an ihren Konditionierungen und an ihren Ängsten liegen. Zu versuchen, über die eigene Schulter zu schauen und zu verstehen, ist nicht unbedingt angenehm.

Nicht jeder ist bereit zu erkennen, dass wir alle Wesen im Wachstum sind und daher das ständige Bedürfnis haben, das Lebendige zu erfahren, auch durch Zögerlichkeit, Ängste und Blockaden. Auf allen Ebenen, in all unseren Räumen und Funktionen, fühlt alles in uns (und sei es auch nur ganz leise) die Notwendigkeit, Erfahrungen zu machen. Manchmal bis zur völligen Sättigung.

Doch nur sehr selten werden wir uns bis ins Herz des Handelns hinein bewusst, dass wir auf einer Erkundungsreise sind. Tatsächlich lebt niemand, ohne innere und äußere Kontinente zu durchqueren, durch alle Experimente, Ungeschicklichkeiten und möglichen Tatenlosigkeiten hindurch.

Es gibt Reisen, die völlig geräuschlos sind – übrigens die meisten –, aber das bedeutet nicht, dass sie deswegen keine sind oder keine Bedeutung haben.

Rührt diese absolute Notwendigkeit, im Laufe unserer Leben herumzuexperimentieren und alles auszuprobieren, aus unserem Ego?

Ja und nein, denn es gibt eine treibende Kraft, die seiner Wirklichkeit zugrunde liegt. Es ist der Durst unserer geschlechtsbezogenen Seele, die in ihren Tiefen weiß, dass sie nur die Hälfte ihrer selbst ist und wegen ihrer Unvollständigkeit das unendliche Bedürfnis verspürt, alles zu erkunden ... und sei es auch nur oberflächlich, falls es ihr zu sehr wehtut.

Angesichts der zahllosen Umwälzungen, die unsere Menschheit seit Äonen erlebt, ist es deshalb notwendig, dass eine Zeit kommt, in der die Meditation in allen ihren Formen offiziell in die Bildungssysteme integriert wird. Es wird eine Überlebensfrage unserer Spezies sein, ein Weg zur Entlastung und Überwindung unseres kollektiven Karmas.

Aber auch wenn wir davon global noch weit entfernt sind, hindert uns nichts daran, die individuelle Entscheidung zu treffen, ihre Wirkung dort zu erproben, wo wir leben und andere inspirieren können, und sei es auch nur ein wenig.

Den Wurzeln und Gipfeln *Dessen*, das in uns lebt, ihren Raum zu lassen, es zu wagen, unsere komplette Wegstrecke mit all ihren Höhepunkten zu betrachten und dann darüber zu meditieren, bedeutet, den schönsten und wichtigsten aller Pfade zu beschreiten. Es bedeutet, unter der schweren Kruste der Grobstofflichkeit nach dem Gold des höheren Bewusstseins zu suchen ... und uns dafür zu entscheiden, unserem Leben einen Sinn zu geben.

Wie ist das zu tun? Hier sind ein paar Vorschläge, um mit einer solchen »Entrümpelung« unserer selbst zu beginnen oder sie fortzuführen.

Auf Erkundungsreise gehen

Die Ärzte des Mittelmeerraums von einst waren erfinderisch, vor allem jene in Alexandria, denn sie schöpften aus drei verschiedenen Quellen: aus Ägypten, Griechenland und dem Galiläa der Essener.

So kam es vor, dass sie den Lehrlingen des Lebens, die sich um sie scharten, dazu rieten, auf einem Papyrus oder einem Palmblatt den Weg ihres Lebens aufzuzeichnen, wie sie ihn in Erinnerung hatten. Das war weder in einer Stunde noch an einem Tag zu bewerkstelligen. Und das aus gutem Grund, denn nachdem sie die Wegstrecke von Geburt an in ihren Grundzügen nachgezeichnet hatten, wurden sie gebeten, die wichtigsten Einzelheiten genauer zu beschreiben.

Mithilfe von Griffel und Tinte machten sie sich also so wahrheitsgetreu wie möglich an die Aufzeichnung ihres Lebenswegs mit seinen entscheidenden Kreuzwegen, eventuellen Kursänderungen, Begegnungen, Entdeckungen, Tunneln und Brücken. Dabei durften sie natürlich nicht die mitunter subtilen Prüfungen auslassen, mit denen sie unterwegs konfrontiert worden waren.

Anhand dieser Aufzeichnungen, begleitet von Anmerkungen und Symbolen, gelang es den Lehrlingen, die wahre Natur des zurückgelegten Weges und ihres Gepäcks besser zu erkennen. Dadurch entstand vor ihren Augen eine Art lineare Landschaft ihres Lebens, die ihnen unweigerlich ein Selbstporträt zeigte. Es war zwangsläufig sehr lehrreich und erstaunlich, was einige Aspekte ihres Karmas und die *Absicht* des Göttlichen betraf, das durch sie wirkte.

Ich kann diese Übung wie auch schon das *Spiel der Tafeln* auch heute noch nur empfehlen. Es ist klar, dass viele von uns sich durch Versuch und Irrtum vorantasten und Schwierigkeiten haben herauszufinden, welcher Sinn in ihren vergangenen und jetzigen Erlebnissen liegt und welches Reiseziel vor ihnen liegt.

An dieser Stelle kommt die visuelle Seite dieser Übung zum Tragen, denn dadurch wird sie schon fast spielerisch, was aus ihr ein faszinierendes Werkzeug zur Innenschau und Meditation macht, das machtvoller ist, als man meinen könnte.

Dabei springen uns die Lektionen, für die wir inkarniert sind, relativ leicht ins Auge, sobald wir wirklich »mitspielen«. Dann offenbart sich uns die »Richtung unserer Seele«. Es kann sogar sein, dass wir das Flüstern des Göttlichen hören ...

Es gab noch eine Variante dieser Übung. Einige Lehrer der Heilberufe rieten dazu, statt eines irdischen Weges den Weg eines Schiffes zu zeichnen, das den Lehrling darstellte und von Kontinent zu Kontinent segelte. Dabei musste man Inseln einzeichnen, an denen das Schiff anlegte, auf denen der Reisende sich aufhielt oder nicht, diese oder jene Begegnung hatte, und auch Häfen eintragen, die man umschifft hatte. Man zeichnete natürlich auch Wolken auf, Gegenwind, Meerjungfrauen, Stürme, eventuelles Wasser im Laderaum, und selbstverständlich auch Abschnitte mit ruhiger See und praller Sonne. Das Gesamtbild, das dadurch entstand, musste selbstverständlich auch kleine Anmerkungen enthalten, die die bedeutenden Ereignisse im Leben des Kapitäns, Seefahrers, Fischers, Ruderers oder manchmal auch Galeerensträflings aufzeigten.

Jeder entschied also, in welcher Form diese Übung (die wie ein Kunstwerk aussehen konnte) ihm am meisten zusagte. Durch ihre visuelle, anschauliche Seite haben beide Varianten dieselbe Funktion der Erweckung, sobald sie durch Authentizität und den Sinn für das Heilige motiviert sind und begleitet werden.

Können wir unserem Karma entfliehen?

Es ist wichtig, es nochmals zu sagen, um es besser zu verinnerlichen: *Alles in unserem Leben ist Karma*, also die Folge früherer Einstellungen, Gedanken, Worte und Handlungen, die aus einer fernen oder auch nahen Vergangenheit stammen.

Damit ist klar, dass wir ständig wie ein Kartenspieler handeln, der ein ganz bestimmtes Blatt und nicht das Blatt seines Nachbarn »geerbt« hat.

Kann dieser Kartenspieler das Austeilen der Karten rückgängig machen? Nein. Es wurde einwandfrei »gelenkt«, auch wenn er es nicht wahrhaben möchte. Daher muss er sein Blatt akzeptieren und wird eine Pik-Sieben nicht in ein Kreuz-Ass verwandeln können, auch wenn diese Pik-Sieben ihm nicht gefällt. Es liegt nur an ihm, sie bestmöglich einzusetzen.

Natürlich können wir schummeln oder bluffen und uns für »cleverer« halten als die anderen ... Allerdings verkümmert dann etwas in uns, oft ohne unser Wissen.

Genauso verhält es sich auch mit unserem Leben: Wir können es verfälschen, herummogeln und Dingen, denen wir auf unserem Weg begegnen, den Rücken kehren. Wir können also ein Leben führen, das von Verleugnung, Lügen, Verheimlichung oder Flucht geprägt ist ... Und was dann?

Ja, was dann? Ganz einfach und logisch: Da der Spielleiter und Herr über die Karten niemand anderes ist als wir selbst auf einer anderen Bewusstseinsstufe, werden wir uns früher oder später vor einem anderen Kartenspiel wiederfinden, mit einem Blatt, das uns nicht besser gefallen wird als das davor. Und in den Hinterzimmern unseres Gedächtnisses werden wir dabei von einer bestimmten Selbstwahrnehmung verfolgt werden ...

In Wirklichkeit werden wir uns innerlich wie ein Schüler vorkommen, der eine Klasse wiederholt und das zwangsläufig nicht sehr lustig findet.

Es kommt übrigens häufig vor, dass die von mir gerne so genannte »Intelligenz des Lebendigen«, Die uns immer dazu einlädt, uns selbst zu übertreffen, uns etwas mehr abverlangt. Dann werden wir dazu angehalten, unsere Lektionen noch einmal neu zu lernen! So kann es vorkommen, dass wir unter einem Sternzeichen geboren werden, das vom gleichnamigen Aszendenten verstärkt wird: Wassermann-Wassermann, Löwe-Löwe und so weiter.

Das ist als kleines Augenzwinkern unseres höheren Bewusstseins zu verstehen, das versucht, uns verständlich zu machen, in welcher Richtung wir wachsam sein und sogar ernsthafte Anstrengungen unternehmen müssen. Und meist wissen wir zugegebenermaßen genau, wo wir es »besser machen« können.

Niemand kann also leugnen, dass wir im Leben »Hausaufgaben« zu erledigen haben, die wir nicht ewig verweigern können - nicht, weil das ein zu akzeptierendes Schicksal oder eine zu ertragende Bestrafung ist, sondern weil es unerlässlich ist.

Ich persönlich sehe dieses Gesetz des Ausgleichs, der Gerechtigkeit und des Anspruchs *als Liebesbeweis der Sonne* - denn der Ursprung von allem ist eine Sonne (welchen Namen sie auch trägt), die alles daran setzt, dass wir uns Ihr nähern können und Ihr »ins Angesicht« sehen können.

Durchhalten oder aufgeben?

»Ganz ehrlich, ich weiß nicht mehr, ob das überhaupt mein Weg ist. Vielleicht habe ich ja die falsche Richtung eingeschlagen ... Was meinst du?«

Ich bin davon überzeugt, dass viele von uns diese verdrossene Frage schon einmal gehört oder sich schon selbst gestellt haben.

Und zwar aus gutem Grund, denn die meisten, die versuchen, etwas in Angriff zu nehmen, ein Projekt verfolgen oder sich einfach nur in eine bestimmte Richtung wenden wollen, wissen: Es kommt nicht selten vor, gegen Türen zu stoßen, die sich nicht öffnen lassen, oder gar gegen Barrikadcn, dic unüberwindlich zu sein scheinen.

Dann kommen Zweifel auf, mit einem ganzen Rattenschwanz an Motivationsverlust und der entscheidenden Frage: *»Soll ich durchhalten oder aufgeben?«*

Und die Frage ist legitim, denn wie sollen wir erkennen, ob der Weg, den wir einschlagen möchten, der richtige ist? Sind verriegelte Türen ein »negatives« Zeichen oder eher eine Prüfung, die uns Durchhaltevermögen lehren soll?

Sagen wir es noch einmal klar und deutlich: Auf solche Fragen kann es keine absolute Antwort geben, weil jede Lebensgeschichte einzigartig ist und sich mit ihrem Ausgangsszenario von allen anderen unterscheidet. Was für den einen eine Übung in Beharrlichkeit ist, kann sich für den anderen als eindeutiger Hinweis auf eine geschlossene Tür erweisen, wie um ihm zu sagen: *»Geh nicht dorthin, das ist kein Weg für dich ... Dich erwartet ein anderer Weg.«*

Ich werde Ihnen hier etwas anvertrauen ... Als ich sehr jung war, etwa sechs oder sieben Jahre, setzte ich mir in den Kopf, Pianist zu werden. Es war ein echter Traum, ein Ideal, das schon tiefe Wurzeln in mir geschlagen hatte. Ich weiß noch, wie ich mich bei Familienessen manchmal in die Gespräche einmischte und versuchte, meinen Eltern zuzureden. Meine Finger auf die Tasten eines Klaviers legen zu können, zu lernen, es zu spielen, wäre einfach wunderbar gewesen! Aber in meinem Umfeld gab es keine Musiker, und es schien sich auch niemand besonders für Musik zu interessieren.

Meine sehnlichen Wünsche, wenn auch zaghaft geäußert, verhallten also im Nichts, ohne dass irgendjemand sie jemals ernst nahm.

Und es war nicht so, dass ich sie nicht jedes Mal wiederholte, wenn sich die Gelegenheit dazu bot. Eines Tages konnte ich mir sogar eine kleine Standpauke meiner Großeltern anhören. Wahrscheinlich nervte ich sie allmählich mit der ständigen Wiederholung meiner Herzenswünsche, die sie offenbar nur für eine Laune oder Marotte hielten.

Ich wollte weiter durchhalten, aber in gewisser Weise war der Fall »abgeschlossen«, denn ich war mir sehr wohl bewusst, dass meine Familie nicht das Geld hatte, um mir Klavierstunden und noch weniger das Instrument meiner Träume zu bezahlen, damit ich jeden Tag üben konnte. Doch dann ereignete sich an meinem 15. Geburtstag ein »Wunder«. Weil sie sparen mussten, schenkten meine Eltern mir eine Art »Mini-Klavier«, das mit einer elektrischen Pumpe betrieben wurde. Ich war überglücklich!

Ich verbrachte Stunden vor der Tastatur und ging meiner Familie damit manchmal gehörig auf die Nerven. Allerdings musste ich mir schon bald eingestehen, dass ich ohne Klavierlehrer und Unterricht nicht sehr weit mit meinem Starrsinn kommen würde, Klavier spielen zu wollen. Ich hatte das Gehör und die Begeisterung dafür - aber leider nicht die geringste Technik. Und meine Eltern hatten auch weiterhin nicht die Mittel, mir einen Lehrer zu bezahlen.

Also vergingen die Jahre, und trotz meiner Entschlossenheit, Klavier zu spielen und nicht nur Noten zu lesen, brachten mich dann irgendwann all die Hindernisse, die sich mir in den Weg stellten, doch zu der Einsicht, dass ich niemals mehr sein würde als ein Amateur. Ich weiß noch, dass mir das sehr zu schaffen machte, ohne dass irgendjemand davon wusste. Insgeheim trauerte ich ...

Heute verstehe ich natürlich den Grund für diese Barrikade. Hätte ich Pianist werden können, dann hätte ich ganz sicher niemals angefangen zu schreiben!

Die Geschichte meines Kindheits- und Teenagertraums erleben so natürlich auch viele andere in einer Vielzahl von Bereichen. Alle Fahrpläne haben ihre Übereinstimmungen. Mein Glück bei all dem war es, dass ich ganz sanft und langsam von meinem Wunsch weggeleitet wurde, zugunsten einer Notwendigkeit, die ich akzeptieren musste, um die wichtigste Absicht meiner Seele zu erfüllen.

Ich gebe zu, dass nicht jeder dieses Glück hat. Türen schließen sich manchmal recht abrupt und lassen diejenigen ein wenig verloren zurück, die gehofft hatten, hindurchzugehen.

Können wir, müssen wir also »unser Schicksal erzwingen«? Mir scheint, dass die Frage falsch gestellt ist. *Durchzuhalten* in eine Richtung, in der von vornherein nichts einfach ist, bedeutet nicht, irgendetwas zu erzwingen. Es ist sogar eine wichtige Übung für die »Seelen-Persönlichkeit«.

Wir müssen ganz einfach verstehen, dass Durchhaltevermögen seine Natur und seinen Namen ändert, wenn es zu Sturheit wird, denn Sturheit kann leicht zu etwas führen, das ich schon immer als »mentale Zyste« bezeichnet habe.

Durchhaltevermögen, Willenskraft und Widerstandsfähigkeit sind entgegen allen Behauptungen kein Hinweis auf einen Kampf im kriegerischen Sinne des Wortes. Sie sind ein Zeichen für Mut und Ausdauer, und daher liegt es auf der Hand, dass wir immer versuchen müssen, sie zum Ausdruck zu bringen.

Starrsinn und Sturheit wiederum gehören unweigerlich der Dualität an, und zwar sowohl in der Materie des Alltags als auch in der Matrix des Feinstofflichen, die die Gedankenformen erschafft und das tiefe Gedächtnis speist, mit dem wir reisen. Von Sturheit über Fixierung bis zur Besessenheit ist es manchmal nur ein sehr kurzer Weg.

Wenn wir aus einem Gegner (oder Hindernis) einen Feind machen, beschweren wir unser karmisches Gepäck allein schon durch die Schwingungslast unserer Spannungen, Verbitterung und Ressentiments. Deshalb hinterlassen wir uns von einem Leben zum nächsten unwissentlich bestimmte Einstellungen und Automatismen, ganz unabhängig von Genen oder familiären Zusammenhängen.[10]

So kommen wir mit den Keimen der Gedankenformen und Anziehungen auf die Welt, die wir in einer oder mehreren vergangenen Existenzen stark genährt haben. Und es muss klar sein, dass wir zwar mitunter mit mentalen Verhärtungen reinkarnieren, die schwierig zu bereinigen sind, aber ebenso und zum Glück auch mit den energetischen Lasten unserer lichtvollsten Pläne. Allein zu verstehen, was all das nach sich zieht, kann ein Leben verändern und zum Beispiel wieder »auf Kurs« bringen.

Um auf die Begriffe Willenskraft, Durchhaltevermögen, Starrsinn und Sturheit zurückzukommen, will ich sie nicht

---

[10] *Zum besseren Verständnis des Ursprungs und der Natur der Speicherung dieser karmischen Abdrücke siehe den Begriff des »Keim-Atoms« in »Das große Buch der Akasha-Chronik« und »Karmische Krankheiten« desselben Autors.*

subjektiv einordnen oder dabei einer bestimmten »Lebensphilosophie« folgen. Ich orientiere mich vielmehr an meiner detaillierten Wahrnehmung der menschlichen Aura:

Durchhaltevermögen und Willenskraft zeigen sich immer in einer sehr präsenten marineblauen Färbung in der emotionalen Sphäre des aurischen Strahlens. Starrsinn und Sturheit zeichnen sich durch nachtblaue, leuchtende Schwaden aus, die meist von kleinen, rötlichen Blitzen durchzogen sind. Solche Merkmale lassen sich definitiv als »Schatten des Zorns« innerhalb der Sturheit übersetzen. Dieser »Seelenzustand« kann sich als sehr toxisch erweisen, in erster Linie natürlich für denjenigen, der ihn durchlebt.

Was wäre also die Lösung oder zumindest die beste Einstellung, wenn ein Weg sich eindeutig vor uns zu verschließen scheint?

Ich behaupte nicht, eine Antwort darauf zu haben, denn die Grenze zwischen Durchhaltevermögen und übermäßigem Starrsinn ist manchmal sehr durchlässig und kann sich auch von einer Individualität zur anderen unterscheiden. Vergessen wir außerdem nicht, dass die Bahnen, die der Lebensatem in uns zieht, immer ihre Geheimnisse haben und haben werden.

Für mich ist allerdings klar, dass bei wiederkehrenden Hindernissen die beste, also die weiseste und konstruktivste, Einstellung das Loslassen ist. Wenn wir gläubig sind, besteht es darin, gleichsam zu sagen: »Dein Wille geschehe.«

Diese Formulierung ist auch eine Methode, um sich an den Verbindungspunkt zu wenden, den der Gipfel unseres

Wesens darstellt, auf dass die richtige Information herabsteigt und inkarniert, die unserer Wegstrecke entspricht.

An dieser Einstellung ist ganz sicher nichts Fatalistisches. Sie ist nur der Ausdruck unserer intimen Verbindung mit der ursprünglichen Quelle, mit dem Geist des Lebendigen, der jedes Wesen und jedes Ding durchdringt.

Es ist eine Einstellung, die sich durch ihre Schönheit und Harmonie mit *unserem inneren Plan* auszeichnet. Und eine Seelenhaltung, die stets die genaueste Antwort anzieht.

Die karmischen Konsequenzen unserer Konditionierungen

Neben den Eigenheiten unserer Egos und ihrer Masken ergibt sich eine der schwersten Lasten, die wir von einem Leben zum nächsten tragen, aus unseren zahlreichen Konditionierungen. Diese Programmierungen aus unserem Familienerbe, unserem Umfeld, unserer Kultur und natürlich unserer Epoche hindern uns immer wieder daran, unseren freien Willen sinnvoll zu nutzen. Sie sind umso mächtiger, als sie oft unbemerkt bleiben.

Sehen wir uns das einmal genauer an. Wenn wir einmal ganz ehrlich überlegen, wodurch unsere Verhaltensweisen und Reflexe hervorgerufen und uns diktiert werden, müssen wir feststellen, dass viele unserer Auffassungen und Reaktionen tatsächlich aus einem Netz aus unterschiedlichsten Einflüssen entstanden sind, in dem wir seit unserer Geburt leben, ohne es jemals infrage zu stellen.

Die Wahrheit ist, dass wir nicht wirklich (oder nur selten) in dem Maße Herr über unsere Gedanken und Verhaltensweisen sind, wie wir meinen. Im Gegenteil werden wir durch unseren Kontext geprägt. Es gibt also auf unserem Weg einerseits uns mit unseren Fähigkeiten, unserem verschütteten Gedächtnis und unserem Reiseziel und andererseits die mächtigen Egregore der Konditionierungen, die von unserer Gesellschaft hervorgebracht werden. Diese sind so subtil, dass sie uns permanent dazu einladen, nicht voll und ganz wir selbst zu sein, sondern formatierte Wesen. Wir sollten uns nicht scheuen, es auszusprechen: Diese subtilen Beeinflussungen stellen ein parasitäres Verhalten dar, das uns in seiner tückischen Art sogar dazu bringt, uns damit zu identifizieren, da es uns ja vom Wesentlichen ablenkt.

Zu wachsen, die Natur dessen zu respektieren, was in uns eingeschrieben ist, bedeutet also vor allem zu lernen, das Vorhandensein dieses parasitären Verhaltens zu erkennen.

Sind wir fähig, das zu tun und seine vielen Gesichter zu erkennen? Wenn ja, ist das bereits ein großer Schritt hin zur Heilung. Denn Heilung bedeutet hier, damit anzufangen, uns unser Leben wieder anzueignen, mit all seinen eigenständigen Auffassungen, Einstellungen und Entscheidungen.

Das ist keine »spiritualistische« Vorgehensweise, der man vielleicht kritisch gegenüberstehen könnte, sondern einfach gesunder Menschenverstand. Alles, was es dazu braucht, sind Aufrichtigkeit und Willenskraft.

Gibt es karmische Abonnements?

Es gibt eine große Frage, die wir den Mut haben sollten uns von Zeit zu Zeit zu stellen. Sie ist einfach, aber von entscheidender Bedeutung: *Wovon werde ich angezogen?*

Nach dem Gesetz der Anziehung, das allen Lebewesen gemeinsam zu sein scheint, werden wir von allem angezogen, dessen Keim oder Plan in uns eingeschrieben ist.

Wir können hier also von einer vorausgehenden Konditionierung sprechen, die sich auch zu einer frei vereinbarten Versklavung verwandeln kann.

So ist mir schon oft aufgefallen, dass sich viele Menschen leicht von dramatischen Ereignissen angezogen fühlen, als wäre »das« nötig, um ihr Leben interessant zu machen. Natürlich ist das eine unbewusste Einstellung, zu der wir uns aber ernsthaft Fragen stellen sollten.

Sind denn sehr viele Menschen zutiefst vom Begriff des Dramas mit seinem Gefolge an Ängsten geprägt? Ich denke ja, denn in den Untergeschossen unserer Persönlichkeiten tummeln sich etliche Neigungen, die immer wieder an die Oberfläche unseres Lebens steigen. Für sie gibt es den Sanskrit-Begriff *Vasana.*[11]

Den Grund dafür sehe ich darin, dass es uns durch fehlende Arbeit an uns selbst nur schwer gelingt, uns von einer Existenz zur nächsten mental und emotional »reinzuwaschen«. Daraus entstehen dann fehlerbehaftete Verhaltenskcime. Sie sind nicht unbedingt auf frühere Fehler zurückzuführen, sondern auf innere Schwachstellen, die sich in

---

[11] *Es geht hier um die hinduistische Tradition.*

einem bestimmten Kontext zeigen oder gefördert werden können. Oft verlangsamen sie schleichend unser Fortkommen und bringen uns vom zentralen Motiv unseres Lebens ab.[12]

Dann können wir, ohne es zu bemerken, reflexhaft »Abonnements« für verschiedene Formen von Unfreiheit, Befürchtungen, Ängsten, komplizierten Situationen und wiederkehrenden Misserfolgen abschließen - ganz einfach, weil wir diesen Weg und die Folgen kennen und uns das gewissermaßen Sicherheit gibt.

Ist Ihnen schon einmal aufgefallen, wie viele erkennbar gestresste Menschen sich von beängstigenden Filmen angezogen fühlen wie von einer Nahrung, die einen erst suggerierten und dann stillschweigend akzeptierten Wunsch befriedigt?

Könnten wir nicht von jetzt an Pausen im Leben einlegen und auch anderen vermitteln, wie notwendig sie sind, um uns nach und nach von den »Schadprogrammen« zu befreien, die uns zusetzen und unseren »Rucksack« beschweren?

In diesen Pausen würde es darum gehen, den Mut zu finden, uns näher mit den treibenden Kräften all dessen auseinanderzusetzen, was uns in unserem Fahrplan auf Abwege führt. Das bringt uns zu der Frage zurück: *Wovon werde ich angezogen?*

Diese Frage regt uns dazu an, unsere Neigungen und Programmierungen herauszufinden, um uns nicht (oder so wenig wie möglich) von unserem Seelenvertrag abbringen zu lassen.

---

[12] *Siehe die Begriffe Samsara und Samskara in diesem Buch auf Seite 143 ff.*

Wie sehen unsere häufigsten »Formatierungen« aus? Hier eine kleine Liste, die natürlich nicht vollständig ist.

- *Das Leben ist ein Kampf.*
- *Um anerkannt zu werden, muss man etwas leisten.*
- *Jede Trennung und jeder Verlust ist ein Misserfolg.*
- *Was werden »die anderen« sagen?*
- *Mein Partner und meine Kinder gehören mir.*
- *Man muss sich an die vorherrschenden gesellschaftlichen Muster halten.*
- *Geld und gesellschaftliche Stellung sind Indikatoren für Erfolg.*

Hierbei kann die letztendliche Frage lauten: *Ist mir das, woran ich glaube, zu eigen, oder wurde es mir eingeredet?*

Ich möchte betonen, dass wir für diese Innenschau nicht nur »unseren Kopf« als einziges Werkzeug brauchen. Auch die Spontaneität und Ehrlichkeit des Herzens müssen mit von der Partie sein. Zu glauben, alles mit dem Intellekt analysieren und lösen zu können, ist ein bisschen so, als würde man hoffen, ein Auto mit angezogener Handbremse zu fahren.

Intelligenz und Bewusstseinsstufe

»Karma? Seelenvertrag? Wie kann man sich für so etwas interessieren und dann auch noch daran glauben? Ich hatte Sie eigentlich immer für intelligent gehalten ...«

Vielleicht sind Ihnen ja auch schon einmal diese etwas provokanten, süffisanten Fragen gestellt worden. Mich persönlich haben sie immer zum Lächeln gebracht, umso mehr, als meine Antwort darauf nie verstanden wurde - selbst von Gesprächspartnern, deren Denkvermögen wirklich überdurchschnittlich war. Es war einfach zu hoch für sie, als würde ich in einer unbekannten Sprache mit ihnen reden. Der Grund dafür ist ganz einfach.

Erstens gibt es sehr viele Formen von Intelligenz, und zweitens ist es ganz sicher nicht die zerebrale Intelligenz, die es ermöglicht, sich den Begriff des Karmas mit dem Interesse und der Sorgfalt anzusehen, die er verdient.

Es geht dabei nicht darum, einfach daran zu »glauben«, sondern zu versuchen, sich den Begriff des Karmas von innen anzuschauen, den Mut zu haben, sich fallen zu lassen, um sich ihm zu nähern und seine unendliche Gerechtigkeit und lehrreiche, tröstliche Logik zu erkennen.

Wenn wir uns mit den grundlegenden, heiligen Gesetzen des Lebendigen befassen, ist das, was wir üblicherweise »Intelligenz« nennen, nur von geringem Nutzen. Aufgrund der damit einhergehenden Formatierung ist sie sogar ein Hindernis.

Den heiligen Dimensionen können wir uns nur nähern und sie nur durchdringen, wenn wir über den Schlüssel verfügen, den eine *Bewusstseinsstufe* darstellt.

Was ist eine Bewusstseinsstufe? Es ist die Fähigkeit des Wesens, Zugang zu einem bestimmten Verständnisstadium des Lebens zu erlangen, das über erworbenes Wissen und mentale Aktivität hinausgeht. Es ist die Fähigkeit, sich nach innen zu wenden, um dort in Offenheit und Weisheit zu wachsen.

So können wir über eine geringe Bildung verfügen und zugleich eine überraschend hohe Bewusstseinsstufe demonstrieren[13] - die Reiseflughöhe »alter Seelen«.

---

[13] *Siehe die Begriffe »Nous« und »Supramental« in »Maria Magdalena - Das wahre Evangelium« und »Mysterium Gott: Eine kollektive Biografie« desselben Autors.*

6. Kapitel

SCHLÜSSEL ZUM WACHSTUM

Mentale und emotionale Abdrücke

Was bedeutet es zu wachsen? Es ist eine einfache Frage, die jeder eigentlich ohne allzu viel nachzudenken beantworten kann. Und doch - zu wachsen bedeutet nicht, immer größer zu werden. Genau da kann es leicht zu Verwechslungen kommen, da Wachstum der Raum ist, wo *Sein* und *Haben* aufeinandertreffen.

Und genau da findet sich auch jeder von uns regelmäßig wieder wie auf einer Kreuzung, die in zwei verschiedene Richtungen führt.

Ist es notwendig, inkarniert zu sein, um an so einen Knotenpunkt zu gelangen? Nein, denn meistens zeigt sich uns das Dilemma schon, wenn wir die Umstände unserer Rückkehr und unsere Wegstrecke wählen. Obwohl die schon erwähnten Inkarnationsführer an unserer Seite sind, sind wir deshalb nicht weniger auf uns selbst gestellt, wenn die Stunde unseres »Sprungs« gekommen ist ...

»Werde ich also eher ›sein‹ wollen oder ›haben‹ wollen?«

Niemand kann dieser entscheidenden Frage ausweichen, weil die wahre Antwort darauf nur selten tatsächlich etwas mit materiellem Reichtum und Armut zu tun hat.

Vor allem geht es hier nämlich um eine innere Einstellung, eine »Seelenverfassung«. Denn tatsächlich können wir ein ganzes Leben auf das »Haben« ausrichten, ohne dabei wirkliche materielle Güter zu besitzen, und umgekehrt im und für das »Sein« leben und dabei gleichzeitig gut situiert sein. Wenn es um Reichtum und Armut, Gewinn und Verlust geht, müssen wir zunächst einmal wissen, aus welcher Perspektive wir sie betrachten ...

Das Sinnbild der Geode

Um etwas näher darauf einzugehen, komme ich hier noch einmal auf die Dame zu sprechen, deren schreckliche Erfahrungen ich am Anfang des Buches geschildert habe und die den richtigen Moment nach einer Veranstaltung abgewartet hatte, um sich mir anzuvertrauen. Wider Erwarten sah ich sie einige Jahre später wieder.

»Ich bin Thérèse«, sagte sie geradeheraus zu mir, als sei es klar, dass ich mich sofort an sie erinnern würde.

»Thérèse ...?«

Offen gesagt brauchte ich einen Moment, um zu verstehen. Erst als sie mir alle ihre vergangenen Missgeschicke aufzählte, kam mir schließlich die Erinnerung an unser damaliges Gespräch.

Thérèse war an diesem Tag nicht allein. Ein stattlicher Mann mit jovialem Gesichtsausdruck und Geheimratsecken begleitete sie. Ich begriff, dass es ihr gelungen war, aus dem Sumpf herauszufinden, dem ihr Leben von klein auf geglichen hatte.

»Ihr« Krebs war von nun an Teil einer alten Geschichte. Nach einer erfolgreichen Operation war sie schließlich für geheilt erklärt worden, und ihren Worten zufolge war in ihr danach eine Art Schleier zerrissen. Das hatte bei ihr zu einer wahren Offenbarung über die Natur des Lebens geführt.

Sie erzählte mir, dass sie während ihres Krankenhausaufenthaltes mehrmals denselben intensiven Traum gehabt hatte, der für sie von einschneidender Bedeutung gewesen war.

In diesem Traum hatte sie sich auf einem von Dornensträuchern gesäumten, gewundenen Pfad gehen sehen, bis sie zu ihren Füßen einen großen, runden, sehr rauen Stein entdeckte. Erstaunt kauerte sie sich vor dem Gestein nieder und versetzte ihm einen kräftigen Schlag mit einem Hammer, der irgendwoher gekommen war. Der Stein brach in der Mitte durch, und sie entdeckte einen wunderschönen Hohlraum darin. Es war eine Geode, die faszinierende Kristalle in sich barg. Jedes Mal war sie nach diesem Traum mit diesem Bild aufgewacht, ergriffen von einer Art mysteriöser Freude, die sie noch nie zuvor gekannt hatte.

Schließlich vertraute Thérèse mir an, dass ihr kurz darauf die tiefe Bedeutung der wiederkehrenden Botschaft bewusst geworden war, die das Symbol der Geode mit ihren Kristallen in sich getragen hatte. Von da an war für sie alles immer klarer geworden: Unter der harten Schale der Ereignisse, die sie ihr ganzes Leben lang heimgesucht hatten, hatte sie den verborgenen Reichtum ihres inneren Potenzials entdeckt.

Dank der Macht und Beredtheit ihres Traums hatte sie erkannt, dass sie unwissentlich nie aufgehört hatte, darauf hinzuwirken, dass der Kristall ihres Wesens sich verwirklichen konnte. Sie hatte also unbewusst an der Sublimierung von *etwas Schönem* in ihrer Mitte gearbeitet, einem Prinzip, von dessen Existenz sie bis dahin nichts gewusst hatte.

Aber Thérèse war sogar noch weiter gegangen: Sie, die niemals auch nur den geringsten Anlass gehabt hatte, an irgendetwas zu »glauben«, hatte begonnen, Geoden zu verehren, und sogar im Rahmen ihrer finanziellen Möglichkeiten in einer Zimmerecke eine kleine Sammlung eingerichtet. Es war wie ein persönlicher Altar, an den sie sich jeden Tag in einer Art Andacht wandte.

Sie stellte fest: In dieser Zeit, die im Übrigen mit ihrer »medizinischen Genesung« zusammengefallen war, hatte auch ihre »seelische Genesung« begonnen.

Ich erinnere mich noch daran, wie sie mir mit einem gewissen Stolz in den Augen verkündete:

»Da meine Seele geheilt war, konnte auch mein Körper wieder gesund werden. Und selbst, wenn der Krebs doch noch einmal zurückkehren sollte und mich mitnimmt, weiß ich jetzt, dass ich dann trotzdem gesund sterben würde.«

Für mich war offensichtlich, dass Thérèse es geschafft hatte, ihren ganz eigenen Glauben entstehen zu lassen, mit eigenen heiligen Bezugspunkten und dem Glauben an sich selbst und ihre innere Stärke. Dadurch hatte sie die Kraft gefunden, ihre früheren Prüfungen wie Ambosse zu betrachten, auf denen sie sich selbst geschmiedet hatte.

Was sie als ihr Karma erkannt hatte, ergab nun Sinn für sie und kam ihr nicht mehr im Geringsten wie ein furchtbares Schicksal oder gar wie ein Fluch vor. Sie war sich der Realität ihrer inneren Sonne bewusst geworden und wandte sich auf ihre Weise anhand bestimmter Steine an sie, die ihr als Erinnerung und Angelpunkt dienten.

Ich weiß nicht, ob Thérèse durch sämtliche Prüfungen gegangen war, die in diesem Leben für sie bestimmt waren, denn seitdem habe ich sie nicht mehr gesehen. Aber sicher ist, dass sie das Beste aus ihnen zu machen wusste und eine Form der Weisheit entdeckt hat.

In meiner Erinnerung ist sie für mich ein leuchtendes Beispiel, denn ihr Weg zeigt: Wie gewunden und hart die Wegstrecke auch sein mag, die unser Seelenvertrag für uns bereithält - es liegt immer ein Aufstiegsziel darin und die Möglichkeit, dass uns eine ausgestreckte Hand gereicht wird. In dieser Feststellung liegt für mich eine Wahrheit, die man niemals vergessen sollte.

Zweifeln wir nicht daran, dass Momente der Verzweiflung erstaunlicherweise die konstruktivsten sein können, weil jede Geode auf den richtigen Augenblick wartet, um ihr Strahlen freizusetzen, indem sie das Strahlen der Sonne empfängt ... und weil jeder Einzelne von uns eine Geode ist. Das muss wieder und wieder gesagt werden.

Natürlich geht es darum, dass wir eine ausgestreckte Hand oder den Wert eines kleinen Hinweises an uns erkennen können - zum Beispiel das einfache Hämmern eines Vogelschnabels gegen eine Fensterscheibe. Alles spricht ...

Oft genügt es schon, wenn wir akzeptieren, unser Vertrauen oder unseren Glauben in etwas Symbolisches zu legen, damit wir unseren roten Faden wiederfinden und die ständig wiederkehrenden Mechanismen auflösen, mit denen wir uns selbst davon überzeugt haben, dass das Leben uns in irgendetwas »reingeritten« hat.

In Wirklichkeit ist unser karmisches Gepäck im eigentlichen Sinne nicht immer die einzige Ursache dafür, was in unserer Existenz alles geschieht.

Im Laufe der Zeit wirft unser Wesen »Falten« und stottert immer wieder dieselben Verhaltensmuster ab, bis unser Alltag wie von ihrem Geruch durchdrungen ist. So kann es sein, dass wir bestimmte Karten unseres Blatts aus den Augen verlieren. Später werden wir darauf noch ein wenig genauer eingehen.

Um auf Thérèse zurückzukommen, so hatte sie die ausgestreckte Hand zu ergreifen gewusst, die ihr höheres Bewusstsein ihr durch ihren machtvollen Traum während ihrer Krebserkrankung gereicht hatte. Sie hatte intuitiv erkannt, dass der Weg der Andacht und Einfachheit eine Stütze und auch Nahrung für sie sein konnte.

Tatsächlich spielt das Objekt der Verehrung oder Andacht gar keine Rolle, denn wer fähig ist, vor einem Ankerpunkt, in dem er die Gegenwart des Heiligen sieht, zu entspannen, zu vertrauen und loszulassen, reinigt zutiefst sein inneres Wesen. Er löst seine Verknotungen.

Mir sind Menschen begegnet, die Muscheln verehrt haben, ein Holzstück oder auch ein Gesicht, das in einem knotigen Baumstamm zu sehen war, wenn sie einmal einen schlechten Tag hatten, und es war perfekt so. Es war der Kompass, der zu ihnen passte, um nicht von ihrem Seelenweg abzukommen.

Alte Seelen

Wer offen für die Vorstellung ist, einem spirituellen Weg im universellsten Sinne zu folgen, hat sich wohl schon einmal die Frage gestellt: »Bin ich eigentlich eine alte Seele?« Und die Antwort war sicherlich: »Ja sicher, sonst würde mir so eine Frage doch gar nicht erst ›in den Sinn‹ kommen!«

Was also ist vom Begriff der »alten Seele« zu halten?

Zunächst einmal, dass er nur dann Sinn ergibt, wenn wir das Prinzip der Reinkarnation akzeptieren. Denn wenn wir davon überzeugt sind, nur ein Leben zu haben, kann keine Seele älter sein als eine andere, da sie keine vorstellbare Vorzeitigkeit hat.

Außerdem ist er absolut schlüssig, da in dieser Welt zweifellos Wesen existieren, die wesentlich reifer sind als andere, ungeachtet ihres Alters, ihrer Herkunft, ihres sozialen Umfelds und ihrer Kultur.

Im Grunde beziehen wir uns mit dem Ausdruck »alte Seele« auf eine »Bewusstseinsstufe« und daher ganz selbstverständlich auf eine erfahrungsreiche Vergangenheit.

Für dieses Verständnis müssen wir natürlich radikal das starre Bild eines Schöpfers hinter uns lassen, der entschieden hat, ein Universum außerhalb Seiner selbst zu erschaffen, dem er »eines Tages« ein Ende setzen wird.

Der Begriff des Seelenalters lässt sich nur rechtfertigen, wenn wir die (im Übrigen von der Astrophysik anerkannte) Vorstellung akzeptieren, dass das Universum - und zwangsläufig alle Lebensformen, die es erzeugt - nicht statisch, sondern in fortwährender Bewegung begriffen ist.

Es ist daher denkbar, dass der Kosmos sich weitet und wieder zusammenzieht, in einem Takt, der der Atmung gleicht, Atempausen inbegriffen.

Doch nur durch mystische Erfahrung ist erfassbar, dass innerhalb dieser Phasen zahlreiche weitere Rhythmen existieren, wie zyklische Ausdrücke eines Plans, den wir als Göttlich bezeichnen können.

So werden dort aufeinanderfolgende *Lebenswellen* erschaffen und in ihnen wiederum *Schöpfungswellen*, in denen zahlreiche Zivilisationen in großen Zyklen entstehen und sterben, die meist *Zeitalter* genannt werden.[14]

All das erwähne ich hier kurz, damit verständlich wird, dass die Lebensfunken des Göttlichen, die dazu bestimmt sind, allmählich zum Geist und dann zur Seele zu werden, nicht alle gleichzeitig von Ihm als erster Ursprung von allem, was ist, ausgesendet werden, sondern nach aufeinanderfolgenden Zyklen.

Auf diese Weise entstehen also allgemein ständig neue Bewusstseins-Funken, die den heiligen ursprünglichen Keim in sich tragen und sich allmählich von Welle zu Welle und Zeitalter zu Zeitalter formen, bis sie »alt« im vornehmsten

---

[14] *Siehe »Mysterium Gott: Eine kollektive Biografie« desselben Autors.*

Sinne des Wortes werden. Diese Art von »Alter«, natürlich in einem Zusammenhang gesehen, in dem wir die Illusion der linearen Zeit akzeptieren, ermöglicht es, *die außergewöhnliche Nähe zum Göttlichen, das ständig unser ist*, zu verstehen, und schließlich auch die Tatsache, die bewirkt, dass wir in Seinem Atem atmen.

Allerdings müssen wir eine »sehr alte Seele« sein, um über dieses Verständnis noch hinauszugehen und bis in unsere Zellen hinein zu erfassen, was unsere Verbundenheit mit der Quelle wirklich bedeutet, um dann Seine durstige Verlängerung zu werden, bei all unseren Versuchen auf unseren unendlich vielen Irrfahrten.

Der Weg aus dem Samsara

Für diejenigen, die nicht mit dem Sanskrit-Begriff vertraut sind: Das *Samsara* stellt allgemein das Rad der Inkarnationen dar, mit anderen Worten eine Art Teufelskreis, in dem die sich ihrer selbst bewussten Wesen scheinbar festgefahren sind.

Ich sage scheinbar, denn der Schicksalsbegriff ist illusorisch. Erinnern wir uns an die symbolische Darstellung der Schlange *Ouroboros,* die eine Öffnung zwischen Maul und Schwanz zeigt ...

Es gibt nämlich glücklicherweise eine Ausgangstür aus dem ermüdenden Zyklus der Inkarnationen, die sich immer wieder dieselbe, allzu oft schmerzhafte Fackel weiterreichen. Denn das Spiel der »ewigen Rückkehr« ist natürlich nicht das Ziel des Lebensatems, der uns beseelt. Im Gegenteil will er uns dazu anregen, alles auszumerzen, was dazu beiträgt, dass wir immer wieder auf dieselben Trampelpfade zurückkehren.

Aus diesem Grund ist dieser Atem so sehr darauf aus, dass Er uns mitunter sogar die Gelegenheit gibt, Anzahl und Größe unserer Hindernisse über die Maßen zu erhöhen. Er sagt dann quasi: »Es reicht!«, um uns zu einer Reaktion zu bringen und unsere Gewohnheiten, Abhängigkeiten und somit Glaubenssätze zu durchbrechen.

Aber unsere Masken sind schrecklich robust und clever - sodass wir, so lange wir die Existenz eines rettenden Auswegs aus dem Ozean unserer Irrwege ignorieren (oder zu ignorieren vorgeben), die Dynamik des Samsara weiter nähren. Aus diesem Blickwinkel ist es verständlich, dass seine kreisförmige Bewegung das direkte und perverse Resultat unserer Konditionierung auf das Karma ist.

Ja, wir sind tatsächlich darauf konditioniert, immer dieselben wiederkehrenden Muster an uns selbst weiterzureichen ... und wir hängen umso mehr an dieser Konditionierung, als sie das Ergebnis unseres freien Willens ist.

Die Last des Samskara

Diese Erkenntnis führt uns zu einem weiteren Konzept, das ebenfalls mit einem Sanskrit-Begriff bezeichnet wird: *Samskara*.

Was ist das *Samskara*?

Man kann es als energetische Masse bezeichnen, die von allen mentalen Aktivitäten und allen konditionierten und konditionierenden Handlungen erzeugt wird, die während einer Lebenswelle hervorgerufen werden.

Mit dem Begriff können auch eines oder mehrere Elemente dieser Masse definiert werden, die einen Abdruck auf den verschiedenen Schwingungsebenen des Universums hinterlassen.[15] Diese Art von Abdruck ist ein wahres Gedächtnis und eine treibende Kraft, und durch seine grundlegende Natur kann er in den Leben von Individuen und einer Vielzahl von Menschen immer wieder regelmäßig auftauchen.

Auf der kollektiven Ebene ist das *Samskara* also in etwa das Äquivalent zu einer so genannten Ansammlung planetarer Egregore, die von einem Zeitalter zum nächsten fortdauern. Auf der individuellen Ebene können wir es als eine Reihe mentaler und verhaltensrelevanter Abdrücke bezeichnen, die wir uns unbewusst von einem Leben zum nächsten selbst hinterlassen. Dieser individuelle Aspekt interessiert uns hier vor allem, da er dem kollektiven zugrunde liegt.

Um die entscheidende Rolle und Bedeutung des *Samskara* in unserer Entwicklung besser zu verstehen, finde ich es am aussagekräftigsten, es mit den so genannten »Cookies« in der heutigen Informationstechnologie zu vergleichen.

Wer sich öfters im virtuellen Raum des Internets aufhält, wird schon häufig diesem Phänomen begegnet sein: Sie müssen zum Beispiel nur in einer Stadt nach Hotels für Ihren Urlaub suchen, und schon hat Ihre Absicht (vor allem,

---

[15] *Die nächsten Ebenen sind die ätherische, die emotionale und die mentale Ebene. Jede verhält sich wie eine Matrix im Verhältnis zur Grobstofflichkeit der Inkarnation.*

wenn Sie sie mehrfach bekundet haben) einen Abdruck im virtuellen Raum hinterlassen ...

Dieser Abdruck mitsamt Ihren Kontaktdaten wird dafür sorgen, dass Sie schon kurze Zeit später und mitunter für lange Zeit Hotelinformationen auf Ihrem Bildschirm finden werden, die im direkten Zusammenhang mit Ihrer Suche stehen.

»Etwas« im immateriellen Raum des Internets hat also bestimmte Vorlieben und Tendenzen von Ihnen registriert und gespeichert, sodass es Sie automatisch finden kann und sie Ihnen bei Gelegenheit »wieder auftischen« kann.

Alle unsere mehr oder weniger bewussten Anhaftungen und Gewohnheiten erzeugen demnach also »Cookies«, die uns in einem Schwingungsprozess von einem Leben zum nächsten folgen.

Genau diese »Cookies« oder Elemente des *Samskara* sind das Fundament unseres individuellen und kollektiven Karmas.

Warum scheint der irdische Mensch als Spezies zum Beispiel unverdrossen immer dieselben Kriegsmuster zu wiederholen, trotz des »Nie wieder!«, das praktisch überall geschworen wird? Das ist die Antwort ...

Natürlich gibt es verschiedene Arten von *samskarischen* Abdrücken. Einige sind konstruktiv, andere zerstörerisch, aber es gibt auch neutrale.

Zusammenfassend lässt sich sagen, dass wir alle unsere eigenen *Samskara*-Elemente in uns tragen, die an der Aufstellung unseres karmischen Plans und damit unseres Seelenvertrags beteiligt sind, jedes Mal, wenn wir wieder einen fleischlichen Körper annehmen. Es ist ein Phänomen, das

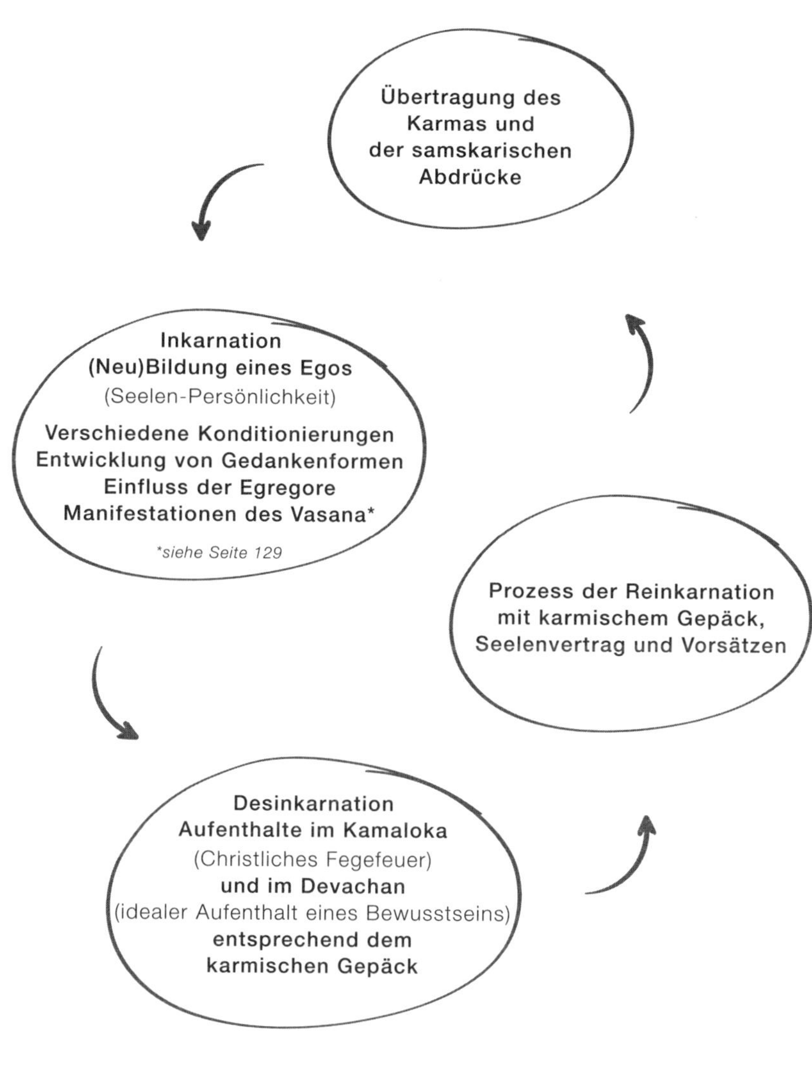

Allgemeine Darstellung des Mechanismus der Reinkarnation

perfekt alle unsere »natürlichen« Veranlagungen oder Neigungen erklärt.

Sich vom Rad der Reinkarnationen zu befreien und aus dem *Samsara* hinauszutreten, ist daher nur so vorstellbar, dass wir uns von allen konditionierenden und abhängig machenden Abdrücken befreien, die wir seit dem Ursprung unseres Wesens angesammelt haben.

Gibt es mehrere Leben in einem?

Jeder von uns hat wohl schon einmal festgestellt, dass einige Menschen ein ungemein erfüllteres Leben haben als die meisten anderen. Solche Leben ziehen unweigerlich große Aufmerksamkeit auf sich. Ob sie vollgepackt mit Ereignissen sind, die nicht immer leicht sind, oder ob sie wegen offensichtlicher Widersprüchlichkeiten eher unterbrochenen Linien ähneln - immer sind sie sehr bedeutungsvoll.

Aus Gründen, die mit ihrem Wollen zu tun haben, was ihre Inkarnationsmöglichkeiten betrifft, gibt es tatsächlich Seelen, die aus freien Stücken entscheiden, ihre Reifung zu beschleunigen. Sie beschließen also, besonders auf ihr Fortkommen zu achten, und vermitteln deshalb manchmal den Eindruck, zwei oder drei Leben in einem zu führen. Auch wenn Eleganz nicht immer auf ihrer Seite ist und sich etwas zu viele Ungeschicklichkeiten am Wegesrand auftürmen, müssen wir dennoch ihren Mut anerkennen. Denn für eine Seele ist es keineswegs wünschenswert, sich ständig auf ebenem Gelände im Schutze ihrer Routinen fortzubewegen.

Wie ich schon betont habe, geht es nicht darum, einen Hindernislauf aus unserem Leben zu machen, sondern ein Feld, das für die Aussaat bereit ist. Das lässt natürlich nicht viel Raum für Halbherzigkeit, aber das ist auch gut so!

Es liegt nahe, dass ein Leben »hoch zwei oder drei« oft Kritik auf sich zieht, weil es nicht dem Üblichen entspricht. Aber wenn das Wesen, das dieses Leben geerbt oder gewählt hat, genau verstanden hat, worum es darin geht, sorgen sein tiefer Beweggrund und seine innere Stärke dafür, dass Angriffe und Verleumdungen sich kaum darauf auswirken.

Das Wesen bleibt in seiner Achse und geht weiter voran ... Es liegt an ihm, Bewegung und Aufregung, Aktion und Zerstreuung nicht zu verwechseln.

Ist es deswegen eine »alte Seele«? Nicht unbedingt, aber zumindest eine Seele, die Gelegenheit hatte, Bilanz über sich selbst zu ziehen, und hofft, mit der Energie des Wagemuts einen Schritt hin zu größerer Erfüllung zu machen.

Ich bin schon öfters gefragt worden, ob das Leben von »mehreren Leben in einem« dazu dient, »schlechtes Karma zu verbrennen«, wie der übliche Ausdruck lautet. Auch hier nicht unbedingt.

Auch wenn Wagemut und Willenskraft mächtige Triebfedern sind, um voranzukommen, reichen sie nicht aus, um alle *Samskara*-Spuren auszulöschen, die das Karma weiter nähren. Tatsächlich werden sie leicht von Stolz, Anmaßung, Kontrollbedürfnissen und anderen Schwächen dieser Art begleitet, die der Persönlichkeit ihre Fallen stellen.

Und es kommt vor, dass der Stolz und seine Gefährtin, die Habgier, bei der »Unterschrift« unter einen besonders umfangreichen Lebensvertrag so präsent sind, dass die Prüfung, die dieser Vertrag darstellt, insgesamt zu umfangreich ist. Einige Selbstmorde lassen sich so erklären. Wir hören eben nicht immer auf die Ratschläge eines Inkarnationsführers ...

Vor dem Altar der Weisheit liegen viele verbrannte Flügel…

Leid und die »Erbsünde«

»Die Welt ist ein Tal der Tränen ...« Diese traurige Feststellung aus dem Alten Testament[16] hat sicherlich zu den irrigen Vorstellungen des Westens darüber beigetragen, was es mit der Natur und der Endgültigkeit der Inkarnation auf sich hat und damit auch mit der Rolle, die die Materie dabei spielt. Angesichts des Fatalismus, der in diesen wenigen Worten liegt, verbunden mit dem berühmten »Mea Culpa« der christlichen Tradition, erstaunt es nicht, dass das Leid-Abonnement schon lange in die feinstoffliche Genetik des westlichen Denkens eingeschrieben ist.

In die Zellen Hunderter Millionen Menschen oder sogar noch mehr ist die »Unvermeidbarkeit« des Leid-Begriffs wie eine Art obligatorischer Tribut einprogrammiert, der an das Leben zu zahlen ist.

Es ist eines der wohl aussagekräftigsten Beispiele, um das Wirken der kollektiven *samskarischen Abdrücke* zu veranschaulichen, die unsere Menschheit verunreinigen. Die Vorstellung, Leid sei *die* unabdingbare, erlösende Kraft, hemmt das Wesen ungemein in seiner Weiterentwicklung. Oftmals

[16] *Psalmen*

unbewusst werden so zahllose einschränkende mentale Muster mit sündigem Beigeschmack immer weiter fortgeführt.

Für die jüdisch-christlichen Traditionen ist all das natürlich auf die berühmte »Erbsünde« zurückzuführen, die jeder, ohne zu wissen warum, von Geburt an in sich trägt – wegen der Verfluchung eines Gottes, der, das muss man so sagen, alles andere als liebevoll oder barmherzig zu sein scheint, sondern eher tyrannisch, rachsüchtig und sogar sadistisch.

Diese Worte werden womöglich so manchen schockieren. Aber was würden wir über einen von uns sagen, der zu Recht oder Unrecht anderer Meinung als seine Kinder ist und deswegen ihre Nachkommenschaft bis ans »Ende aller Zeiten« verflucht?

Wir müssen aus dieser mehrere Tausend Jahre alten Absurdität herausfinden, laut der unsere »gemeinsamen Vorfahren« der Ursprung all unseres Leids sind. Wir müssen aus einem Glauben erwachen, laut dem es normal ist, darin gefangen zu sein, und es außerdem völlig logisch ist, dass wir »bezahlen« müssen, um uns daraus zu befreien, um dann ein ewiges Leben in schönen Gärten zu führen ...

Kindereien haben noch nie irgendjemandem geholfen, vor allem, wenn man sie immer weiter treibt; im Gegenteil wirken sie wie starke Schlaftabletten.

Sagen wir es also klar und deutlich: So, wie es uns begegnet und wie wir es erleben, ist Leid nicht erlösend. Und die »Erbsünde« ist nichts weiter als das Ergebnis der Unkenntnis des Gesetzes des Karmas, das von den Abdrücken des *Samskara* erzeugt und aktiviert wird.

Und schließlich: Geben wir nicht unserem symbolischen Urahnen-Paar die Schuld, denn es verkörpert nur uns in anderen Leben und anderen Zeiten in unseren Konfrontationen mit falsch angewandtem Wissen.

Vor diesem Hintergrund finde ich es wichtig, die Erscheinungsformen des Leids von jetzt an anders zu betrachten.

Henker und Opfer

Wenn wir verstehen, dass Leid keine Währung ist, mit der wir primär für irgendeinen vergangenen Fehler bezahlen, sind wir zweifellos bereit für eine innere Wende. Aber auch wenn es uns gelingt, uns so aus einem mehr oder weniger bewussten kulturellen Schuldgefühl zu lösen, lassen wir damit nicht unbedingt auch das Henker-Opfer-Muster hinter uns.

Es ist ein hartnäckiges Muster, denn etwas weiter gedacht besteht die intuitive Reaktion der allermeisten, die Schmerz oder Leid erfahren, darin, ein Ungerechtigkeitsgefühl zu empfinden und sofort einen Schuldigen für ihr Unglück zu benennen. Es ist, als gäbe es nur zwei mögliche Positionen: den Verfolger oder Henker und das unschuldige Opfer – also die simple Dynamik von »Böse« gegen »Gut«.

Natürlich wird sich der benannte Schuldige außerhalb des betreffenden Opfers befinden – was vielleicht sogar zutreffen wird, wenn die Ereignisse aus einer horizontalen Perspektive gesehen werden. Zweck dieser Seiten ist es allerdings nicht, in diese Richtung weiterzugehen, sondern vielmehr, zu einer vertikalen Sichtweise der Dinge zu gelangen. Es ist eine befreiende Position, in der wir es wagen, die wahren Fragen zu stellen und uns von dem Wunsch nach Vergeltung zu lösen.

Was sorgt dafür, dass wir in Situationen geraten, die zu Prüfungen, Schmerz oder Leid führen?

Dies sollte die erste der Fragen sein, die wir uns mutig stellen sollten. Gleichzeitig sollten wir uns fragen, ob die an unserer Prüfung und Situation Beteiligten nicht einfach Vermittler sind, die uns eindringlich vorschlagen, eine Lektion zu lernen, also stärker zu werden.

Das lässt mich an eine Person zurückdenken, die sich große Teile ihrer Arbeit von jemand anderem hatte wegnehmen lassen, dem sie ihr Vertrauen geschenkt hatte. Obwohl sie menschlich gesehen ein starkes Ungerechtigkeitsgefühl wegen dieser klaren Arbeitsberaubung empfand, beschloss sie, darüber zu stehen, weil sie ihr moralisches Leid als Triebfeder nutzen wollte, um die Weisheit des Loslassens zu erlernen.

Das ist nur ein Beispiel dafür, wie wir über etwas hinauswachsen können. Ich bin davon überzeugt, dass wir sehr viele Belastungen auf diese Weise transzendieren können. Und selbst wenn die Schlangenlinien auf unserem Fahrplan es nicht immer erlauben, unsere Belastungen so zu lindern, wie wir uns das wünschen würden, können sie mit Abstand, Willenskraft und Liebe allmählich ihr Gesicht verändern. Dann nehmen wir sie schließlich mit ihrem letztendlichen Ziel vor Augen wahr: uns dabei zu helfen zu wachsen.

Es gibt drei Wörter, die einander hervorrufen und recht gut die Verkettung der Kräfte zusammenfassen, die den Teufelskreis nähren, in dem unsere Menschheit gefangen ist. *Unwissenheit → Leid → Rache.*

Ist es nicht an der Zeit, diese Kette zu unterbrechen? Deshalb ist es so grundlegend wichtig, die intimen Gesetze des Lebens zu verstehen und zu verinnerlichen.

Können wir also im Ergebnis sagen, dass die Erfahrung von Leid eine Verpflichtung kosmischer Natur ist? Nicht direkt - aber sie ist wie eine Zugstrecke mit ihren Schienen, auch wie eine Gewohnheit, in die wir leicht unbedacht verfallen können. Jedenfalls ist sie nichts Unabwendbares, sondern eine Gelegenheit zum Wandel. Sie zu einem Ende zu bringen, ist das letztendliche Ziel aller unserer Wege.

Vom Geschehenlassen zum Loslassen

Ich habe schon oft beobachtet, dass die zwei Begriffe »Akzeptanz« und »Loslösung« leicht falsch verstanden werden. Sehen wir uns zuerst einmal die Akzeptanz an.

Häufig verwechseln wir sie mit »Geschehenlassen« oder »Laissez-faire«, Nichtverpflichtung, ja sogar Nachlässigkeit. Was die Loslösung betrifft, so verstecken sich viele, die sie zu praktizieren meinen und sich dabei auf eine gewisse Weisheit berufen, damit in Wahrheit eher hinter einer schützenden Gefühlskälte. Die einen tun so, als seien sie mit einem Adlerblick gesegnet und könnten weiter sehen als alle anderen, und die anderen verstecken sich hinter dem allseits bekannten Spruch: »Das ist nicht mein Problem.«

Sehen wir uns nun die Einstellung einmal genauer an, alles ganz einfach »geschehen zu lassen«, weil ja jeder Einzelne und auch jedes Volk sein Karma, seinen Weg hat und letztendlich alles am richtigen Platz ist. Selbst wenn diese Einstellung theoretisch richtig wäre, wäre sie nicht haltbar, denn sie berücksichtigt nicht, wie wichtig die Interaktion der Seelen in ihrer Entwicklungsdynamik ist.

Wenn wir zum Beispiel bei allem sagen: »Das ist nicht mein Problem«, dann verkennen oder leugnen wir die Tatsache, dass alle Leben, Wegstrecken und »Schicksale« eng miteinander verbunden sind, so wie es auch alle Zellen eines Körpers sind.

Dann machen wir uns auch nicht bewusst: Wenn wir mit Ungerechtigkeit, Schwierigkeiten oder dem Leid anderer konfrontiert werden, hat das auf unserem Fahrplan seinen Sinn. Was ist dieser Sinn? Meistens ist die Antwort darauf ganz einfach: Mitgefühl zu entwickeln.

So beeinflussen unsere Karmas sich ständig gegenseitig. Dem Schmerz anderer zu begegnen, bedeutet gar nichts, wenn wir ihn nur zur Kenntnis nehmen oder darüber klagen, ohne darauf zu reagieren. Um es also noch einmal klar zu sagen: Die weise Akzeptanz der Dynamik des Karmas hat nichts mit dem Fatalismus des »Geschehenlassens« zu tun.

Wir müssen uns klar machen: Wenn wir einem Anlass zu einer Verpflichtung begegnen, dann stehen die Chancen gut, dass sie in unserem Seelenvertrag festgeschrieben ist. *Nichts klopft jemals umsonst an unsere Tür.*

Wenden wir uns jetzt einmal dem berühmten Loslassen zu. Worum genau handelt es sich dabei? Es erwächst aus mentaler und emotionaler Entspannung und dem vollen Vertrauen in die konstruktive Absicht dessen, was der gegenwärtige Augenblick uns bietet.

Es besteht darin, das Ego in seinem beschwerenden Aspekt außen vor zu lassen. Daraus ist verständlich, dass das Loslösen von zugrunde liegenden Spannungen etwas ganz anderes ist als das meist egozentrische »Geschehenlassen«, von dem wir oben gesprochen haben.

Wenn wir daher in einer schwierigen Situation oder bei einer schmerzhaften Erfahrung, die die Intelligenz des Lebens inszeniert, ohne dass wir ihren Verlauf unterbrechen können, loslassen können, ist das ein Zeichen für Seelenreife.

Es wäre falsch, darin Resignation zu sehen, ein Gefühl ähnlich wie Fatalismus. Denn Loslassen ist immer von einer Art intuitivem Wissen um die Richtigkeit dessen geprägt, was sein muss, im Sinne eines Ziels, über das unsere inkarnierte Persönlichkeit keine Kontrolle hat.

In gewisser Weise ist Loslassen die Übergabe einer Situation »in die Hände des Göttlichen«. Insofern löst es bestimmte *Samskara*-Spuren in uns auf. Es löst das Mentale, statt eine Spannungsenergie daran zu heften, die früher oder später wieder zu uns zurückkehren wird.

Wie können wir lernen loszulassen und
daraus eines der wichtigsten Anliegen auf
unserem Lebensweg zu machen?
Die Antwort ist immer dieselbe:
Durch Dienen, ohne etwas dafür zurückzuerwarten,
durch das Gebet und den Sinn für das Heilige,
der daraus erwächst, und schließlich
durch die tausend Aspekte der Meditation,
die uns zugleich unserer wahren Natur
und der Natur des liebevollen Wirkens
des Universums näherbringen.

Niemand kann sich voll und ganz aus seinem inneren Labyrinth befreien oder wirklich aufsteigen, ohne an jene zu denken, die vielleicht noch etwas jünger und noch im Schlaf begriffen sind …

7. Kapitel

NÄCHTE DER SEELE

Die dunkle Nacht der Seele ... Offiziell geht der Ausdruck auf Johannes vom Kreuz zurück, einen spanischen Kleriker, der im 16. Jahrhundert lebte. Spuren davon finden sich aber auch in bestimmten Schriften der Sufi-Gelehrten[17] und in grundlegenden Texten des Hinduismus.

Sein Ursprung ist aber nicht wirklich von Belang, denn er vermittelt eine universelle, zeitlose innere Erfahrung und spricht Menschen in allen Lebensbereichen und Kulturen an, ohne sich irgendeiner »Kirche« oder »Kapelle« unterzuordnen.

Was ist die Nacht der Seele?

Der Ausdruck spricht für sich selbst. Er stammt klar aus einem anderen Jahrhundert, aber heute finden sich gleichwertige Bezeichnungen dafür, die mehr zum Materialismus unserer modernen Zeit passen. Sagt man heute nicht, dass jemand *eine Durststrecke hinter sich hat* oder *durch die*

[17] *Unter anderem in den Texten des andalusischen Sufi Abbad Al-Rundi.*

Hölle gegangen ist? Die Kulisse erschließt sich dadurch sofort, und man weiß, worum es geht.

In der Psychologie spricht man natürlich lieber von Depressionen und sieht darin ein psychisches Leiden, bei dem die Verletzlichkeit eines Menschen, seine Erbanlagen, sein Stress und die Gesetze der Biologie eine Rolle spielen.

Diese moderne Auffassung der »schwarzen Nacht« schließt natürlich von vornherein alles aus, was auf die mögliche Existenz eines feinstofflichen Universums anspielen könnte, das in unserem verborgen ist, vor allem auch auf das allgemeine (wenn auch vage) Prinzip einer Seele, die in der Problematik eigentlich ein Wörtchen mitzureden hätte.

Die verbreitete Vorstellung ist, dass Depressionen eine relativ moderne Erkrankung sind, eine Art Hyper-Melancholie, größtenteils hervorgerufen durch eine immer schnelllebigere Welt und wechselnde Bezugspunkte und Wertvorstellungen.

Allerdings ist das Phänomen der *Nacht der Seele* nicht neu. Schon der berühmte Papyrus Ebers, eine altägyptische medizinische Abhandlung aus dem 16. Jahrhundert v. Chr., erwähnt sie den Spezialisten zufolge wohl bereits.

Mir geht es hier nicht darum, über das Für und Wider der alten Traditionen und der modernen wissenschaftlichen Annahmen zu diskutieren. Ich denke, dass alle ihren Anteil an der Wahrheit haben, da das Biologische, Psychologische, Energetische und Spirituelle alle ihren Platz in der Wirklichkeit von allem Lebendigen haben und daher nicht gegenübergestellt werden sollten. Sie ergänzen einander, sind wechselwirkend und werden gebraucht, um das Gleichgewicht zu erhalten, das sich jedes Wesen bewahren muss.

Ich werde einfach wie immer von meinen Erfahrungen und Beobachtungen auf den feinstofflichen Ebenen ausgehen, denn sie sind mein Forschungsgebiet, und auf dieser Grundlage kann ich ohne zu zögern sagen: Was wir das Immaterielle nennen, bringt das Materielle hervor.

Der Geist verlängert sich in die Materie hinein, um sich selbst zu verstehen, während die Materie sich instinktiv dem Geist zuwendet - auch wenn sie das oft abstreitet -, um ihrer Sehnsucht nach ihrer eigenen Sublimierung und Verwirklichung zu entsprechen. Das geschieht bis zur Vereinigung beider Pole, die sie jeweils darstellen.

Wann und warum kommt es zur Nacht der Seele?

Nun, dazu kommt es, wenn die Materie zu sehr die Natur des Atems vergessen hat, der sie beseelt ... wenn sie vom Weg abkommt, sich in ihren eigenen Labyrinthen verliert und sich dann schließlich von ihrer Quelle abtrennt. Mit anderen Worten: Wenn sie sich von ihrem »anderen Sie Selbst« abschneidet, bis sie den Zweck ihrer Erlebnisse und Erfahrungen aus den Augen verliert. Und ich füge noch hinzu: Wenn der Begriff des Lebensweges für sie keinen Sinn mehr ergibt und alles nur die Folge verhängnisvoller Zufälle ist.

Vor diesem Hintergrund kann ich geradeheraus sagen, dass *jede Nacht der Seele oder, wenn man so will, jede Depression ein Zeichen für eine spirituelle Krise ist und anzeigt, dass ein Wandel des Wesens auf dieser Ebene notwendig ist.*

Das Wort »spirituell« verwende ich hier natürlich im weitesten Sinne, bringe es also nicht im Entferntesten in irgendeinen religiösen Bezug. Meiner Ansicht nach gibt es einerseits die Manifestation der einzigartigen Essenz des Geistes, die (in welcher Kultur auch immer) durch unmittelbare persönliche Erfahrung wahrnehmbar ist, und andererseits die mehr oder weniger einheitlichen Glaubenssysteme, aufgestellt von Menschen, die der Zeitlichkeit unterworfen sind.

Wenn ein Mensch bei sich eine Abtrennung von sich selbst wahrnimmt (oder zumindest das Gefühl einer Abtrennung hat), mitunter bis in einen Zustand der Verzweiflung und Ziellosigkeit hinein, lässt sich das relativ einfach in seiner Aura erkennen. Diese Abtrennung zeigt sich sowohl in den emotionalen als auch in den mentalen Ausstrahlungen durch eine relativ hohe Anzahl dunkelgrauer Streifen vor einem hellgrauen, dunstigen Hintergrund, oft durchsetzt von kleinen, gelblichen Bereichen. So trägt die Nacht der Seele ihren Namen durchaus zu Recht, denn das aurische Ei verrät sie, weil es in ihr an Licht verliert.

Einige werden nun sagen, dass sie in einer Depression nie die Wirklichkeit des Geistes geleugnet haben. Das ist richtig ... aber durch die Anhaftung des Egos und seiner Masken an der tatsächlichen Gegenwart des göttlichen Lebensatems im Körper kann es in eine Form von Schwindel geraten.

Dieser Schwindel entsteht, weil es sich im Verhältnis zu einem Licht, das ihm unerreichbar erscheint, als bedeutungslos ansieht. Es ist ein Schwindel, der manchmal auch zu Frustrationen führt, denn mitunter entstehen in der Persönlichkeit durch die Wahrnehmung des Unendlichen oder auch nur durch den mehr oder weniger blinden Glauben daran Ansprüche oder sogar ein sehr subtiles Überlegenheitsgefühl, das die Abspaltung von den anderen und der Welt brandmarkt.

Auch dieses Gefühl der Trennung ist oft in der menschlichen Aura sichtbar. Manchmal ist es sogar ein Vorzeichen für eine Nacht der Seele, die gerade im Entstehen begriffen ist. Dann erscheint das gesamte aurische Ei gewissermaßen längs in zwei Teile gespalten. Es zeugt davon, dass in der inkarnierten Persönlichkeit gerade »etwas« dabei ist, sich von demjenigen abzuspalten, der es manifestiert. Dann ist es an der Zeit zu reagieren, um ein Unglück zu verhindern.

Die Nacht der Seele und der Seelenvertrag

»Ich habe gerade eine schwere Depression hinter mir. Glauben Sie, es war wirklich nötig, dass ich das erlebe? Ich frage mich, ob es irgendetwas gibt, das ich nicht verstanden oder gesehen habe, oder ob meine Seele schon vor meiner Geburt diese Prüfung beschlossen hat.«

Diese Frage wurde mir einmal von einem Mann in den 50ern gestellt. Sein ausgemergeltes Gesicht trug noch die Spuren echter Verzweiflung. Allein ein Funke in seinem klaren Blick zeugte davon, dass dieses schmerzvolle Lebenskapitel für ihn endgültig abgeschlossen war.

»Sie allein haben die Antwort in sich«, sagte ich zu ihm, »denn die Antwort darauf ist immer individuell. Sie hängt unvermeidlich von der Geschichte des Fragestellers ab, von der Höhe, aus der er die Dinge betrachtet, und auch von seiner Bewusstseinsstufe, also davon, was er erfassen kann.«

Der Mann schien ein wenig enttäuscht. Er hatte sich wohl eine einfache Antwort von mir gewünscht, die ihn nicht auf sich selbst zurückwarf.

Als ich dann noch ein paar Worte mit ihm austauschte, wurde mir klar, dass er sich die Versicherung von mir gewünscht hätte, dass seine Nacht der Seele fest geplant worden war und er mit dieser Prüfung eine Schuld beglichen hatte.

Aber man klärt niemanden auf, wenn man die wirklich wichtigen Themen umgeht, die zur Weiterentwicklung beitragen. Deshalb beruhigte ich ihn erst einmal und versuchte, ihm die Dinge genauer zu erklären.

»Wissen Sie, in den letzten Jahrzehnten durfte ich in einige Lebensgeschichten von Menschen ›eintauchen‹, die depressive Phasen durchgemacht hatten. Dabei sind mir zwei bestimmte Muster in ihren Fahrplänen aufgefallen.

Das erste besagte klar und deutlich: Ja, die Konfrontation der Seelen-Persönlichkeit mit ihrer schwarzen Nacht war Teil der Prüfungen, die sie zu durchleben hatte. Die Inkarnationsführer hatten ihr als Absicht vorgeschlagen, dass sie die Kraft und Fähigkeit zur Resilienz entwickeln sollte, die ihr bis dahin gefehlt hatte. Oft ging es auch darum, Mitgefühl gegenüber Leidenden zu vertiefen. Und manchmal auch darum, die Mechanismen der menschlichen Psyche besser zu verstehen, um künftige Aufgaben zu bewältigen.

Das zweite Muster war ganz anderer Art. Es besagte: Nein, die Nacht der Seele war nicht als unumgängliche Notwendigkeit auf dem Weg festgeschrieben worden, sondern eher als Möglichkeit, als eine Art Abgrund, um daran entlangzugehen, mit dem Ziel, Willenskraft und Achtsamkeit zu üben, Klarsicht und Hoffnung zu stärken und natürlich, daran zu wachsen und mehr Verständnis für die Probleme anderer zu entwickeln.

Aber worin«, fügte ich noch hinzu, »liegt denn genau der Unterschied zwischen diesen beiden Arten von Mustern?

Wenn überhaupt, dann ist er unbedeutend. Ist eines von beiden für das inkarnierte Wesen verdienstvoller als das andere? Auf keinen Fall.

Ist ein ›nicht geplanter‹ Sturz in die Dunkelheit ein Fehler? Nein! Natürlich zeugt er auf irgendeiner Ebene von einer Instabilität, aber vor allem müssen wir ihn als Zeichen eines Lernprozesses sehen.

Seine Aufgabe ist es, daran zu erinnern, dass Leben vor allem Lernen bedeutet und dass Lernen bedeutet, immer wieder mit mangelnder Aufmerksamkeit, lückenhaftem Gedächtnis, Kurzsichtigkeit, Schwerhörigkeit und jeder Menge Sorgen zu tun zu haben. Kurz gesagt bedeutet es, mit Risiken zu leben.

Was den ›karmisch geplanten‹ Sturz in den Abgrund der Depression betrifft, so ist er, auch wenn er absichtsvoll und kontrolliert stattfindet, auch eine Bewährungsprobe für das Wesen. Er ist eine andere Art und Weise, sich einer lehrreichen Prüfung zu unterziehen, die Schwächen und Stärken ans Licht bringt.

Wissen Sie«, sagte ich schließlich, »die Frage, die Sie anscheinend so quält, ist eine Scheinfrage. Sie trägt ganz subtil dazu bei, dass Sie immer noch ein bisschen leiden. Befreien Sie sich davon ...

Wichtig ist, dass Sie weitergekommen sind und verinnerlicht haben, dass es immer ein Ende der Nacht gibt, wie schwarz sie auch sein mag, und dahinter alle Hoffnung lebt.«

Die Entwertung des Selbstbildes

Die meisten Depressionen tragen zumindest eine Zeit lang enorm zur Verschlechterung des Selbstbildes bei. Ich kann gar nicht mehr zählen, wie oft mir Menschen, die durch eine dunkle Nacht gegangen sind, berichtet haben, dass sie mitunter lange gebraucht haben, um sich wieder zu erholen. Mit »sich wieder zu erholen« meine ich, sich auf den unterschiedlichen Schwingungsebenen im Unsichtbaren spirituell neu zu organisieren.

Ich bin mir bewusst, dass das Wort »spirituell« hier ein weiteres Mal viele stören kann, in einem Bereich, in dem Psychologie, Biologie und Genetik sich offiziell das Wissen teilen. Aber ich lege Wert auf diesen Begriff, denn meine Erfahrungen in den so genannten »immateriellen« Welten lassen mir keine andere Wahl als festzustellen:

Jeder Mensch ist spiritueller Natur, selbst wenn er auf seinen Materialismus besteht.

Anders kann es gar nicht sein, denn in Wirklichkeit ist es ein Atem, durch den der Mensch sich fortbewegen, denken und handeln kann, ein Atem, den er nicht definieren kann und über den er keine Macht hat. In diesem Sinne sind wir alle naturgemäß spirituelle Wesen, weit vor irgendeinem Glauben, dem wir eventuell oder gar nicht anhängen.

Wer schon einmal beim Tod eines Menschen zugegen gewesen ist, hat beobachten können, dass innerhalb weniger Sekunden nur noch eine »leere Hülle« zurückgeblieben ist. Eine »Immaterie« hat sich aus der Materie des Sterbenden zurückgezogen, selbst wenn er diese in seine Atome eingebundene Wirklichkeit abgelehnt hat.

Aus dieser Perspektive heraus, die sich für mich aus zahlreichen Bewusstseinszuständen ergeben hat, die ich kennenlernen konnte, ist es für mich unbestreitbar, dass das Spirituelle und nicht die Zugehörigkeit zu irgendeinem Glaubenssystem unsere innerste Essenz definiert. Um es nochmals zu sagen:

Glauben ist nicht wissen, und wissen ist nicht kennen oder erleben und dann verinnerlichen.

Wie sieht nun die Beziehung zum Selbstbild aus, werden Sie mich fragen? Sie liegt in der subtilen, tiefen Erholung, die jedes Wesen durchleben muss, wenn es aus einer schwarzen Nacht wieder hinaustritt. Was auch immer der karmische Ursprung ist – der Arbeitsprozess, der dann beginnt, bedeutet einen Wandel, der nicht nur das Individuum und seinen gegenwärtigen Seelenvertrag betrifft, sondern der auch das Gepäck seines persönlichen *Samskara* beeinflusst und sich auf seine Leben auswirkt.

Noch vor den aufeinanderfolgenden Egos, die eine Seele erzeugt, ist es also die Seele selbst, die herausgefordert, unterwiesen und zum Wachsen aufgerufen wird.

All das lässt sich natürlich nicht nur im Rahmen von Depressionen beobachten, denn in allen großen Lernprozessen unserer Entwicklung tritt ein ganz ähnliches Phänomen auf. Ich erwähne es hier im Kontext der Depression, weil sie (ob man »gut« oder »weniger gut« durch sie hindurchkommt) dafür sorgt, dass die Schwingungssphäre der Seele radikal »aktualisiert« wird. Sie bereichert sie, selbst wenn das die Form einer schmerzhaften Geburt annimmt.

Wenn wir verstehen, was dieser ganze Prozess bedeutet und auslöst, können wir mit Fug und Recht stolz auf uns sein, wenn wir eine schwarze Nacht hinter uns lassen.

Ich halte es deshalb für wichtig, jedem Menschen, der in Bedrängnis geraten ist, über die wahre Natur dessen aufzuklären, was er gerade erlebt. Könnte es nicht heilsam sein, wenn er sich bewusst wird, dass er gerade dabei ist, seine eigenen Fundamente zu erneuern, und dass er dabei ist zu wachsen, selbst wenn er das Gefühl hat, sich zu verzetteln oder immer kleiner zu werden?

In Wirklichkeit reißen seine - oft uralten - Schuppenschichten und Schalen ein, platzen auf und fallen ab, damit sich ein anderer, freierer Ausdruck seiner selbst entfalten kann. Es ist wie eine Häutung.

So ähnelt die dunkle Nacht der Seele, dieser große »reinigende Strudel«, den uns der eine oder andere Fahrplan manchmal beschert, mehr einem Vorschlag zum Wandel, den uns das Göttliche oder der Geist des Lebendigen macht, statt einer Bestrafung für unsere Unzulänglichkeiten. Wir sollten uns danach also nicht gerade geringschätzen ...

Wie jeder habe auch ich schon schwierige Zeiten durchgemacht ... Auch wenn sie nie das Ausmaß einer Nacht der Seele hatten, gab es doch eine, die mich zu einem seltsamen Fundstück geführt hat. Sie kam in Form eines kleinen Etiketts daher, das ein paar Schritte von einer Textilreinigung entfernt auf dem Boden lag. Ich hätte es übersehen, ignorieren oder mich nicht zu ihm hinunterbeugen können, aber es hatte mir etwas zu sagen, wovon meine Seele wollte, dass ich es hörte, denn der kleine Text, der darauf geschrieben stand, endete mit den Worten: »Sie haben die unter den gegebenen Umständen bestmögliche Trockenreinigung erhalten ...«

Dieser Welt nicht entfliehen, ihr nicht entkommen,
sondern sie in uns selbst verändern und an
einem »Tag« des Erwachens entscheiden,
in sie zurückzukehren, um ihre Versprechen
in jedem erblühen zu lassen.

8. Kapitel

KARMA UND MAYA

Maya ist ein Sanskrit-Wort, das das Phänomen der Illusion beschreibt, ein großes Konzept, das Teil aller metaphysischen Überlegungen ist. Sobald wir uns ein paar Fragen über den Sinn des Lebens stellen oder ins »Philosophieren« geraten, kommen wir meist zu der Schlussfolgerung »Alles ist illusorisch« – eine Art zu sagen, dass alles vergänglich ist und wir kaum mehr sind als Zuschauer in dieser eitlen Welt.

Aus dieser Sichtweise kann eine gewisse Form von Weisheit erwachsen, es sei denn, dass eine nüchterne, oft kalte Einstellung gegenüber allem dahinter steht.

Wie Sie sich vorstellen können, möchte ich Sie auf diesen Seiten nicht gerade in diese Richtung einladen, denn Thema sind hier nicht Volksweisheiten oder Philosophie, sondern ein langer innerer Weg, der unweigerlich zur Inkarnation einer *essenziellen* Spiritualität führt. Es ist eine Spiritualität ohne einschränkenden Namen und ohne Grenzen, die es erlaubt, »mit der Spitze des Bewusstseins« die Tatsache zu ertasten, dass allen Kämpfen und dem meisten Leid letztendlich Unwissenheit zugrunde liegt.

Warum Unwissenheit und nicht der Mangel an Liebe? Weil Wissen, einmal verinnerlicht, unweigerlich in der

Manifestation von Liebe mündet, denn es lässt uns ihr Fundament und ihre bestechende Logik im Gefüge dessen erkennen, was wir als das Leben betrachten.

Wenn wir also die Unwissenheit hinter uns lassen, verstehen wir, dass Liebe nicht optional ist und wir durch sie diese Präsenz ermessen können, die das *Göttliche* genannt wird und uns dazu antreibt, immer wieder geboren zu werden, bis es uns gelingt, *in unseren Zellen zu erleben*, was das Wunder des Lebens ist.

Die Virtualität unseres Lebens

Auf dem Weg hierhin ist die Frage nach dem illusorischen Aspekt unseres Lebens von grundlegender Bedeutung. Und im Übrigen auch unsere Epoche, denn sie privilegiert uns dazu, uns dem Wesen dieser Illusion nähern zu können.

Durch die Entdeckung des Hologramms mit seinen Auswirkungen können wir heute tatsächlich besser nachvollziehen, was die *Maya* ist, ein Konzept, das bisher ausschließlich die großen Mystiker in ihren direkten Erfahrungen in verschiedenen Bewusstseinszuständen »kennengelernt« haben.

Es ist eine Tatsache: Selbst wenn wir die technischen Mechanismen bei Weitem nicht erfassen können, sind wir alle inzwischen mit dem Begriff des Hologramms vertraut – ganz einfach, weil wir schon gesehen haben, worum es sich dabei handelt. Unsere Gesellschaft bietet uns dazu zahllose Gelegenheiten, mit Shows, Special Effects in Filmen und natürlich virtuellen Games – regelrechte Fallen, die viele aus ihrer Inkarnation hinausbefördern, wenn sie zu süchtig danach werden.

Dieser letztere Aspekt des Universums der Illusionen lässt mich besonders aufhorchen, denn eines sollte klar sein: Was Entwickler und Programmierer mithilfe einer Technologie realisieren können, wird von einem Mysterium, das wir allgemein das Bewusstsein nennen, permanent spontan erzeugt, allein dadurch, dass es Ist ...

Und genau da kommt der Begriff der *Bewusstseinsstufe* ins Spiel, den wir schon angesprochen haben.

Zu irgendeinem Zeitpunkt unserer gemeinsamen Geschichte müssen wir darüber übereinkommen: Das vollkommene, unfassbare, unermessliche Bewusstsein ist *ganz einfach das Göttliche*; es ist ein reines Hyper-Energiefeld, das sich in eine Unendlichkeit »kleiner Bewusstseine« hinein fortsetzt, die wie die Bestandteile eines gigantischen Hologramms dessen vollständiges Abbild in sich tragen.

Und da in jedem dieser Bestandteile das Gesamtgedächtnis ihres Ursprungs wohnt, wie kann es da noch verwundern, dass jeder auch genauso funktioniert?

Für das menschliche Wesen läuft es darauf hinaus, dass unser individuelles Bewusstsein durch alle Stadien seines Erwachens hindurch genauso seine Hologramme oder, wenn wir wollen, Virtualitätsstufen erzeugt, in die es sich projiziert und in denen es lebt, ständig gefangen in *seiner* inneren Wirklichkeit und *seiner* eingeschränkten Selbstwahrnehmung.

Aus all dem folgt, dass die Art Universum, in dem wir sind oder zu sein glauben, tatsächlich das Resultat eines kollektiven Hologramms ist, das die Summe unserer individualisierten

Bewusstseine im aktuellen menschlichen Stadium gleichzeitig in einem unaufhörlichen Impuls aus Abermilliarden von Verbundenheiten projiziert.

Unser Planet, unser Universum und unser Kosmos, wie wir sie wahrnehmen, sind also nur Folgen dessen, wie wir fähig sind, sie zu denken. Mit anderen Worten sind sie die logische Verlängerung des inneren Mikrokosmos, der uns allen gemeinsam ist.

So leben wir und entwickeln wir uns mit all unseren Masken im selben gigantischen Traum, in derselben Illusion, deren Bestandteil unsere lineare Zeit ist, und schließlich auch in derselben vollständigen, feinstofflichen Virtualität, von der wir uns selbst überzeugen, dass sie *das* Wirkliche ist.

Wann akzeptieren wir, der immer offensichtlicheren - und im Übrigen von der Quantenphysik vorgebrachten - Tatsache ins Auge zu sehen, dass wir die Entwickler, Künstler und Akteure der *Maya* sind und es bleiben werden, solange unser individuelles und gemeinsames Bewusstsein noch nicht seinen freiwilligen Aufstieg hin zu einem Unendlichen begonnen hat, das unser jetziges Verständnis übersteigt? Es ist ein Verwirklichungszustand, den die Mystiker stets als das unaussprechliche Bewusstseinsfeld des Göttlichen gesehen haben.

Deshalb sollte uns nun klar sein, dass der Mechanismus der Reinkarnation und die Gesetze des Karmas unerlässliche Werkzeuge zu dieser *heiligen Reintegration* sind.

Zwar sind sie selbst fester Bestandteil der *Maya*, aber sie sind auch die Instrumente, um sie zu überwinden. Indem wir sie als Tatsache akzeptieren und ihr Spiel mitspielen, wobei wir gleichzeitig versuchen, uns in jeder neuen Partie mehr einzugestehen, dass es sich um ein Spiel handelt[18], lernen wir, den Trick allmählich zu durchschauen. Und indem wir die Intelligenz und Gerechtigkeit des Spiels respektieren, erkennen wir schließlich bis hinein in unser erstes Atom, dass wir die Emanationen *Dessen* sind, Das es erschaffen hat ... und nicht aufhört, sich auszudehnen ...

Da einige nordamerikanische Autoren nicht verstehen, dass das Karma ein Werkzeug ist, das uns in der Illusion an die Hand gegeben wird, haben sie die Behauptung aufgestellt, wir könnten es durch eine einfache Entscheidung »loswerden«, indem wir erklären, dass wir alles in uns neu starten. Aber wenn wir uns näher mit dieser Argumentation beschäftigen, stellen wir schnell fest, dass diese Annahme doch ziemlich simpel ist und vor allem das Ego in seinem »allmächtigen« Aspekt stärkt. Hier haben wir es mit derselben Maßlosigkeit zu tun, die manch einen dazu treibt, pompös zu behaupten: »Ich bin Gott« und hochmütig über den Weg hinwegzusehen, der vom »Ich zum Selbst« und dann vom »Selbst zum höheren Selbst« führt.

Das persönliche Hologramm verändern

Mit diesem Verständnis sind wir jetzt gut »gerüstet«, um uns diese Frage zu stellen:

»Wie können wir uns aus der ermüdenden Dynamik des Karmas befreien und unsere Loslösung vom Irrgarten des Samsara ins Auge fassen?«

---

[18] *Man könnte sagen: um ein »Rollenspiel«.*

Die Antwort klingt zwar einfach, ist aber leider komplex in der Umsetzung. Wie sollte es auch anders sein ...

»Wir treten nach und nach aus ihm heraus, indem wir beschließen, alles zu tun, um unser eigenes hologrammisches Universum zu verändern, das heißt, indem wir uns aus dem Spiel der Programmierungen und Unterjochungen befreien.«

Dafür gibt es verschiedene Wege. Als Erstes fällt uns da natürlich der »Rückzug aus der Welt« und innere Disziplin ein, zu der wir uns verpflichten könnten, um uns von allem zu reinigen, was uns formatiert, ausbremst und schläfrig macht.

Allerdings ist es ja so, dass das aus den unterschiedlichsten Gründen nicht jedermanns Sache ist. Es ist also eine Frage der Persönlichkeit, der Verantwortung, der Umstände, des Lebensweges ... kurz gesagt des Karmas!

Deshalb müssen einige von uns, die das Stadium eines notwendigen Wandels erreicht haben, einen entscheidenden Schock erleben, damit sie tatsächlich eine Wende schaffen. Wir könnten sogar von einem Elektroschock sprechen, der ihre Seele aufrüttelt und sie dazu anregt, aus ihrem Tiefschlaf zu erwachen. Es ist gewissermaßen ein »In-die-Ecke-Drängen« durch ein Ereignis oder Umstände, deren heiligen »Missions«-Charakter wir anerkennen müssen. Muss da noch betont werden, dass die Schwierigkeit in dieser »Anerkennung von Heiligkeit« liegt? Es ist eine Situation, die ohne Weiteres die »Anerkennung der Vaterschaft« aller Faktoren erfordert, die uns an einen Scheideweg geführt haben, wo eine radikale Entscheidung getroffen werden muss.

Als Beispiel möchte ich hier die folgende Geschichte vom Anfang der 1980er-Jahre schildern. Sie dreht sich um jemanden, der nur wenige Male in mein Leben hereingeplatzt ist, von dessen Weg ich aber weiß, dass er recht erbaulich war.

Es geht um einen noch jungen Mann, den ich Michel nenne und der zwar einen brillanten Schulabschluss hingelegt hatte, aber lieber schnell ins aktive Leben einsteigen wollte, statt zu studieren.

Seine Familie hatte nichts dagegen, sie lebten seit Generationen vom Handel und sahen in seiner Entscheidung nur die Fortsetzung einer Logik, die gewissermaßen in seine Gene eingeschrieben war. Michel wollte »das Leben auskosten« und sich daher die Möglichkeit verschaffen, so bald wie möglich etwas Geld zu verdienen.

Es war eine Zeit, in der ernährungsbedingte Gesundheitsprobleme stark ins öffentliche Interesse rückten. Ihm war das nicht gleichgültig, auch nicht das, was wir heute Alternativmedizin nennen. Hatte er nicht außerdem selbst festgestellt, dass die Natur ihm wohl eine gewisse »Heilkraft« der Hände geschenkt hatte? Er machte so seine Erfahrungen und stellte sich Fragen.

Genau zu diesem Zeitpunkt traf jemand aus seinem nahen Umfeld die Entscheidung, einen Naturkostladen zu eröffnen. Der dynamische Michel erschien ihm sofort als der Richtige, um ihm in diesem Abenteuer zur Seite zu stehen.

Der junge Mann zögerte nicht lange. Er stellte sich keine Fragen mehr zu seiner offensichtlichen Gabe und überlegte nicht mehr, was er vielleicht daraus machen könnte. Warum sollte er sich auch weiter »den Kopf zerbrechen«? Er hatte die Chance, gut zu verdienen, und das war das Wichtigste. Außerdem hatte der Inhaber des neuen Geschäftes mehr oder weniger durchblicken lassen, dass ihm wahrscheinlich der Posten des Geschäftsführers offenstand, sobald er etwas Erfahrung gesammelt hatte. Und schließlich folgte er damit ja nur dem erprobten Familienmuster!

Allerdings hatte sein Chef und naher Verwandter einen Plan ... und nicht irgendeinen. An einem Frühlingsmorgen, etwa zwei Jahre nach seiner Anstellung, erfuhr Michel direkt aus seinem Mund, dass er beschlossen hatte, seine Tochter ins gut laufende Geschäft einzuführen und ihr direkt nach ihrer Ausbildung die komplette Geschäftsführung zu überlassen.

Michels ganze Welt brach mit einem Mal zusammen. Er, der alles für die Geschäftsentwicklung getan hatte, sodass er eigentlich schon zum wahren Geschäftsführer geworden war, nur ohne Titel und Vorteile, würde bald auf unabsehbare Zeit auf einem untergeordneten Posten arbeiten.

Er bekam zu hören, es sei doch völlig normal, dass der Tochter des Chefs die Verantwortung für das Geschäft ihres Vaters übertragen würde.

Michel ertrug die Situation nicht und kündigte sechs Monate später. Frustriert, aber immer noch »kampfeslustig« und durch seine Erfahrung gestärkt, beschloss er, seine eigene Firma zu gründen. In einer Zeitschrift hatte er von »magnetischen Vorrichtungen« erfahren, die dazu beitragen sollten, die Gesundheit der Hausbewohner positiv zu beeinflussen. Die Firma, die die Produkte entwickelt hatte, suchte Vertriebler für die Markteinführung. Das war genau das Richtige für ihn, da war er sich sicher!

Und so stieg Michel also an der Spitze seines eigenen jungen Unternehmens ins Geschäft ein. Die Familientradition verhalf sich wieder mit denselben wohlbekannten Reflexen und Bezugspunkten zu ihrem Recht. Der Erfolg kam sofort. Michel wusste noch nicht einmal, ob er eigentlich selbst an das glaubte, was er verkaufte, aber das Geld floss, und zumindest war er damit nicht von seinen Händen abhängig, die ihn nach wie vor immer mal wieder mit einem Wärmegefühl auf sich aufmerksam machten.

Zwei oder drei erfolgreiche Jahre ging es so weiter. Doch dann verblasste der Modetrend für die Vorrichtungen, die er vertrieb. Ganz allmählich machten die Kunden sich rarer, bis er eines Tages erfuhr, dass die Firma, die ihm die Geräte lieferte, plötzlich den Betrieb eingestellt hatte.

Für Michel bedeutete das, dass seine Geschäftstätigkeit mit einem Schlag endete. Alles brach erneut für ihn zusammen, und er fühlte, wie eine unbarmherzige »schwarze Nacht« sich ihm näherte. Mehrere Wochen sah er sich am Rande des Abgrunds. Doch dann beschloss er glücklicherweise spontan, sich nicht in die Tiefe ziehen zu lassen, sondern sich so weit wie irgend möglich von seinen bisherigen Bezugspunkten zu entfernen.

Michel hatte einen »Elektroschock« erhalten, durch den er brutal erkannt hatte, dass *etwas* ihn zur Quintessenz seines Lebens zurückführen wollte. Ohne wirklich zu wissen, was ihn erwartete, verkaufte er sein Auto, nahm seinen Rucksack und seine Ersparnisse und beschloss, die Welt zu bereisen.

Einige Jahre später kreuzten sich unsere Wege, und er war erkennbar nicht mehr derselbe. Gelassen erzählte er mir, dass er nach einer etwas mehr als einjährigen Reise, die es ihm ermöglicht hatte, sich selbst und seine wahren Bestrebungen wiederzufinden, beschlossen hatte, Kurse in einer renommierten Schule für alternative Heilmethoden zu besuchen. Er hatte sie mit einem Diplom abgeschlossen und sich Schritt für Schritt einen Patientenkreis aufgebaut, durch den er seinen Unterhalt bestreiten konnte. Er lebte in bescheidenen Verhältnissen, aber in Frieden, irgendwo mitten in Frankreich, wo er gerade eine Familie gegründet hatte.

Seine Hände, versicherte er mir bei unserer Begegnung, hatten ihn aus dem Schock der brutalen Betriebsschließung gerettet und waren »ein für alle Mal« erwacht, nachdem sie sich ihm auf seinem einsamen Weg immer wieder in Erinnerung gebracht hatten. Am Ende hatten sie ihn zum Wesentlichen zurückgeführt, das in Wahrheit schon immer in ihm gewohnt hatte.

Natürlich hatte Michel nicht das komplette Hologramm seines Lebens verändert, aber zumindest einige Parameter. Er hatte sich eine andere innere Landschaft erschaffen, weit entfernt von den ausgetretenen Familienpfaden, und ein Lebensszenario aufgebaut, das näher an seinem Seelenvertrag war.

Es ist eine einfache Geschichte, die keinen Lärm macht und von denen es Abertausende gibt, alle mit ihren Besonderheiten und Unterschieden, aber mit einer Gemeinsamkeit: Es galt, eine Deprogrammierung zu bewerkstelligen, ein Leben neu zu erfinden und ein inneres Hologramm zu verändern.

Natürlich müssen es nicht immer radikale Elektroschocks sein wie bei Michel in einem Moment, der sein ganzes Leben infrage stellte, aber ich denke, dass die Prinzipien der »Rückschau« und möglichen »Umschreibung« unserer Lebens- oder zumindest Funktionsmuster die meisten von uns betreffen.

Inwieweit ist die Welt mit ihren starren Parametern, in der wir zu leben akzeptieren, ein Spiegel der Überzeugungen, Vorurteile und Verhaltensweisen, die wir genetisch von unserer Familie geerbt haben? Dazu noch die sehr subtilen, ständigen Einflüsterungen unserer Gesellschaft und der gewaltige Egregor der Stagnation, der von der Menschheit durch ihre primären Automatismen erzeugt wird, sich um sich selbst dreht und sich in der planetaren Aura immer wieder auflädt.

Wenn wir feststellen, dass unserem Leben der Sinn fehlt und wir immer wieder unzufrieden sind und an Problemen leiden, müssen wir uns einen Ruck geben, um aus diesem Zustand hinauszufinden.

Uns einen Ruck zu geben, bedeutet natürlich zuerst einmal, den Mut zu haben, uns mit all unseren einengenden Gewohnheiten und unserem virtuellen inneren Mikrouniversum selbst zu beobachten, das sich aus Gefügigkeit und Ängsten zusammensetzt.

Uns einen Ruck zu geben bedeutet auch, unser Leben anders zu denken, es in innerer Einkehr neu zu erfinden und so unsere Welt neu mitzugestalten.

Im Unsichtbarem, das uns sehr nahe ist, sind unsere Gedanken aktive Formen, lebendige Werkzeuge, die unsere Gegenwart formen und zugleich unsere Zukunft säen.

Tun wir mit dieser Bewusstwerdung alles, um unsere Gedanken schöner, edler, konstruktiver und heiliger zu machen ... In ihnen liegt die Grundlage zur Veränderung unseres persönlichen Hologramms. Sie sind der Ausgangspunkt für unsere allmähliche Wiederverbindung mit dem ursprünglichen Traum *Dessen*, das in uns pulsiert.

Jenseits aller Trugbilder – die Vorzüge des Lächelns

Welcher vernünftig denkende Mensch ist jenseits philosophischer Überlegungen noch nie vom Lächeln des Buddhas in manchen Darstellungen angesprochen oder sogar sehr berührt worden? Nichts liegt näher, denn es ist ein Lächeln, mit dem ohne Worte alles gesagt zu sein scheint ...

Wahrscheinlich auch, weil es ein Lächeln ist, das eine Sichtweise, eine Vision vermittelt, die machtvoll all die übereinandergestapelten Masken durchdringt, durch die das Bewusstsein Seine Natur verwirklicht.

Angesichts der grundlegenden Wahrheiten, für die dieses Lächeln steht und denen gegenüber wir je nach unserem Fahrplan empfänglich oder gleichgültig sein können, können wir nicht leugnen, dass jenseits aller Traditionen und Kulturen eine Lehre in ihnen liegt, die jeden von uns betreffen kann.

Mit seiner offensichtlichen Unerforschlichkeit ruft dieses Lächeln ganz stark etwas in uns wach, das uns noch fehlt, um den Ausgang aus dem *Samsara* zu finden und uns wieder mit uns selbst zu vereinen. Ich nenne es *»die sanfte Macht der Entdramatisierung«*.

Bei dem Wort »Entdramatisierung« muss ich jedes Mal an einen kleinen Satz mit großer Tragweite eines Meisters der Weisheit in Südindien denken, den ich einst sehr gut kannte[19] ...

Er hatte damals mit sehr schwierigen Umständen zu kämpfen, und an einige, die sich bestürzt darüber zeigten,

---

[19] *Swami Premananda*

richtete er mit einem Lächeln mehrmals diese wenigen Worte: *»Don't worry, it's only a drama!« (»Keine Sorge, es ist nur ein Drama!«)* Und zwar aus gutem Grund, denn auch wenn es leichter gesagt als getan ist: Alle unsere Reisen durch diese Welt sind nur ein Schauspiel ...

Aber auch wenn wir manche tragischen Aspekte dieser Reisen nicht meistern, so können wir zumindest versuchen, ihren Abdruck in unserem Herzen und in den Herzen der anderen durch eine einfache Haltung zu bereinigen: ein Lächeln.

Die Vorzüge des Lächelns sind unendlich machtvoller und weitreichender, als wir es uns allgemein vorstellen. Durch die Entspannung sämtlicher Gesichtsmuskeln bewirkt das *wahre* Lächeln eine innere Haltung, die der inkarnierten Persönlichkeit ihr leuchtendes Siegel aufdrückt, die es selbst wiederum der Seele übermittelt.

Als entspannende, lösende und heilsame Geste berieselt uns ein Lächeln tief in unserem Inneren mit einer Leichtigkeit, die das Wesen entlastet und es ihm erlaubt, an Höhe zu gewinnen und das Labyrinth seiner Illusionen zu überblicken ...

Denn aus vertrauensvoller Klarsicht und einem erweiterten Horizont kann Entdramatisierung erwachsen.

Eine Körperhaltung, und wenn auch nur durch das Gesicht zum Ausdruck gebracht, kann immer eine Bewusstseinshaltung erzeugen; sie ruft sie förmlich herbei.

Genau das ist die Funktion des Lächelns, für uns selbst in unserem inneren Dialog wie für andere, denn es schlägt eine Brücke zu ihnen.

Ein Lächeln öffnet das Herz ohne Worte, ohne dass der Kopf dabei etwas zu sagen hat, und wie auch immer das Lebenshologramm desjenigen aussehen mag, der es schenkt oder empfängt.

So wie Buddha Gautama lächelte auch Jesus Christus. Leider haben wir dieses »Detail« vergessen und ihn viel zu oft auf ein Symbol des Leidens, genagelt an einen Holzpfahl, reduziert.

Aber lassen Sie uns aus diesem Vergessen vor allen Dingen nicht noch eine weitere »kollektive karmische Schuld« machen, denn selbst die Erfahrung des Vergessens ist eine Gelegenheit zu wachsen.

Also lächeln wir über unseren Gedächtnisverlust - und wagen wir es, uns daraus zu befreien!

9. Kapitel

DIE ERINNERUNG WIEDERBELEBEN

Obwohl wir in einem illusorischen Raum-Zeit-Kontinuum leben, bin ich der Ansicht, dass dem Gedächtnis eine zentrale Rolle in der Dynamik unserer Entwicklung zukommt. Ohne Gedächtnis, also ohne Spuren unserer Erfahrungen, die sich ins innere Raster unseres Wesens einprägen, hätte nichts eine Bedeutung, da jede Perspektive oder jedes Ziel ohne Fundament wäre. Der Begriff der Hoffnung selbst würde seinen Sinn verlieren, denn der Wunsch oder das Bedürfnis nach etwas »Besserem« bezieht sich ja zwangsläufig auf einen vergangenen Zustand, dessen Gedächtnisabdrücke wir in uns tragen, da der Zustand, den wir Gegenwart nennen, extrem vergänglich ist.

Ist die Funktionsweise des Karmas nicht außerdem eng mit der Erinnerungsfähigkeit verbunden, und wenn auch nur unbewusst? Ihr unfehlbarer Mechanismus zielt darauf ab, unser Potenzial zur Verbesserung und Transzendenz zu aktivieren, bis hin zum Phänomen der »Befreiung«, also des Austritts aus dem Teufelskreis des *Samsara*.

Aber um die Tür zu finden, durch die wir aus diesem Kreis austreten können, ist es unverzichtbar, uns bewusst zu werden, dass es das *Gedächtnis und* ein *Gedächtnis gibt, oder, wenn man so will,* das *Gedächtnis und Erinnerungen.*

In dem Wissen, dass das Karma aus einer Aufeinanderfolge *samskarischer* Abdrücke[20] besteht, die auch Erinnerungen an Lernerfahrungen sind, ist es wichtig zu verstehen, dass seine allmähliche Beseitigung es ermöglicht, endgültig den Schleier wegzuziehen, der *die* Erinnerung bedeckt. Damit meine ich *die* erhabene Erinnerung unseres Ursprungs.

Unsere uranfängliche Identität

Diese ursprüngliche Erinnerung ist die Erinnerung an unsere uranfängliche Identität. Einige Traditionen verbinden sie mit dem *Selbst* im Gegensatz zum *Ich*, das seinerseits das Resultat der Masken der aufeinanderfolgenden Egos ist, die eine Seele in ihren unzähligen Inkarnationen produziert und verwendet. Deshalb sind wir alle gleichsam ineinandergestapelte Wesen.

Nachdem wir das verinnerlicht haben, müssen wir verstehen, dass die grobstofflichen Wirklichkeiten, die wir durch die Aufeinanderfolge der Persönlichkeiten erfahren, aus denen unser Gesamt-Ich besteht, von der Schwingungswirklichkeit des vorübergehend geschlechtlichen Seelenprin-

[20] *Siehe nochmals Seite 144*

zips überlagert sind. Diese Wirklichkeit wiederum ist von der Projektion des Geistprinzips überlagert.

Unsere Lebenswahrnehmung nach diesem Schema aufzuschlüsseln, ist überaus wichtig - auch wenn es dafür ein wenig »Gymnastik« braucht.

Denn allein damit öffnen wir uns bereits echten Perspektiven zur Weiterentwicklung und erlauben uns selbst, eine höhere Bewusstseinsstufe zu erlangen.

Es bedeutet auch, die Funktion und das höchste Ziel all der Versuche und Irrtümer und manchmal harten Lernprozesse besser zu verstehen, die unser Wesen im Laufe der Inkarnationen formen.

Und schließlich bedeutet es, alles, was ist und uns nur allzu oft leiden lässt, mit einem anderen, heilsamen Blick zu betrachten, der das, was er sieht, sublimiert und erhebt.

Zusammenfassend würde ich sagen, dass es heilsam ist, voll und ganz zu erkennen, dass das Karma keineswegs eine treibende Kraft mit bestrafender Funktion ist, sondern eine Dynamik, die auf Gleichgewicht und Gerechtigkeit beruht. Es ist das Resultat einer Intelligenz, die uns Stück für Stück unterweisen will, damit wir *das* Gedächtnis am Gipfel des Gebirges unserer Erinnerungen wiederfinden.

Daraus folgt, dass die von der Maya erzeugten Masken und Tricks nichts anderes sind als die vom Selbst, vom Geist, erfundenen Aufräumwerkzeuge, damit es sich ausdehnen und das Göttliche wieder in sich integrieren kann.

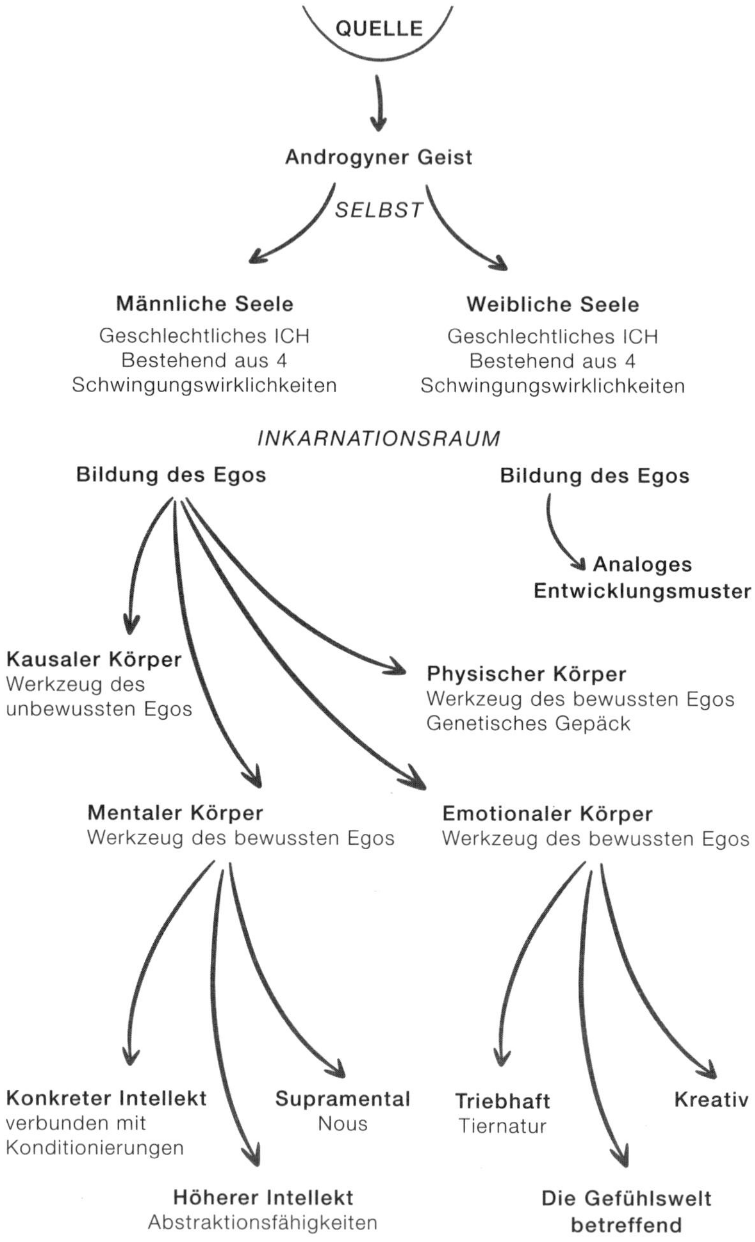

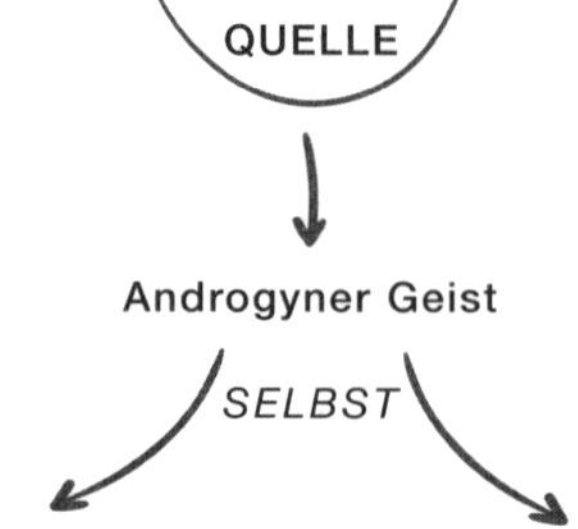

Androgyner Geist

SELBST

Männliche Seele
Geschlechtliches ICH
Bestehend aus 4
Schwingungswirklichkeiten

Weibliche Seele
Geschlechtliches ICH
Bestehend aus 4
Schwingungswirklichkeiten

INKARNATIONSRAUM

Bildung des Egos

Bildung des Egos

Analoges Entwicklungsmuster

Kausaler Körper
Werkzeug des
unbewussten Egos

Physischer Körper
Werkzeug des bewussten Egos
Genetisches Gepäck

Mentaler Körper
Werkzeug des bewussten Egos

Emotionaler Körper
Werkzeug des bewussten Egos

Konkreter Intellekt
verbunden mit
Konditionierungen

Supramental
Nous

Triebhaft
Tiernatur

Kreativ

Höherer Intellekt
Abstraktionsfähigkeiten

Die Gefühlswelt betreffend

Allgemeines Schema der Entwicklung durch Inkarnation

Es ist eine wahre Initiation, wenn es uns gelingt, alle diese Wahrheiten gänzlich zu erfassen und tief im Herzen zu verinnerlichen, wo unser Keim-Atom verborgen ist.

»Gedächtnisblitze« und Begegnungen

Wir alle haben diese Erfahrung schon einmal gemacht. Es gibt ganz besondere Momente im Leben, die uns immer wieder in Erstaunen versetzen. Meist sind es Begegnungen mit einem oder mehreren Menschen oder auch mit einem Ort.

Es können Wiedersehen sein, Wiederverbindungen, die unseren ganzen Reiseweg durcheinanderbringen. Ich füge hinzu, dass solche Erfahrungen nichts damit zu tun haben, ob wir vielleicht offen für Begriffe wie Reinkarnation und Karma sind.

Wie viele andere auch habe ich Frauen und Männer kennengelernt, die dafür kaum empfänglich waren oder es sogar ganz ablehnten und berichteten, plötzlich für den Rest ihres Lebens von jemandem geprägt worden zu sein, dem sie »zufällig« begegnet waren, oder von einem Ort, an dem sie gewesen waren, ohne die geringste rationale Erklärung dafür zu haben. Da dieses Phänomen wohl gar nicht so selten vorkommt, was ist davon zu halten?

Nun - dass die Datenbank, die still und leise in unserem tiefsten Inneren gespeichert ist und den Stoff unseres Karmas webt, durch eine Art »Magnetisierung« funktioniert. Sie kann äußerst empfänglich für sich nähernde Datenbanken anderer Wesen oder bestimmter Orte sein. Es ist diese Magnetisierung, die uns von »Wiedererkennen« sprechen lässt und uns zu extremen Entscheidungen veranlassen kann.

Die berühmte »Liebe, die eingeschlagen ist wie ein Blitz« findet darin ihre Erklärung, aber sie ist nicht die einzige Art und Weise, wie diese »Magnetisierung« wirkt. Sehr viele Anziehungen - gegen die wir im Übrigen manchmal lange ankämpfen - lassen sich damit erklären.

Müssen wir dem nachgeben und akzeptieren, einen Wegweiser darin zu erkennen, der unmissverständlich auf unserem Reiseweg aufgestellt wurde?

Oder müssen wir im Gegenteil einen Irrweg oder eine Falle darin sehen, die irgendeinen »unfertigen« Aspekt unserer Persönlichkeit auf die Probe stellen soll? Ist es eine Bewährungsprobe für unsere Willens- und Unterscheidungskraft?

Alles davon ist möglich und besonders, weil es keine zwei Wege oder Seelenverträge gibt, die einander ähnlich sind. Analog vielleicht, aber niemals identisch!

Wenn wir beginnen, die Schlüssel zu erhalten, um dieses Wiedererkennungsphänomen zu verstehen, können wir nicht mehr in einer simplen, mechanisch-dualistischen Art und Weise leben, denn die Logik unserer Seelenverträge ist weit davon entfernt, sich auf unserem Lebensweg immer offen zu zeigen.

Wie also können wir die Antwort auf die Fragen finden, die uns verfolgen und manchmal sogar quälen? Wir könnten die Situation »rational betrachten«. Allerdings ist es nicht immer so einfach, den richtigen Reiseweg von der falschen Fährte zu unterscheiden, die uns von ihm abbringen will und irgendwann vielleicht in einer Sackgasse endet.

Meiner Ansicht nach liegt die Antwort - die nur individuell sein kann - darin, wie wahrhaftig und authentisch unser Dialog mit uns selbst ist. Oft läuft er auf diese zielgerichteten Fragen hinaus:

- *Was ist es, das uns bei bestimmten Menschen, Umständen oder Orten zutiefst berührt?*

- *Welcher Sache entfliehen wir oder, im Gegenteil, was suchen wir in dem, was sich uns zeigt?*

Die wahre Herausforderung, wenn wir uns an so einem Kreuzungspunkt befinden, liegt darin, uns auf keinen Fall irgendwelche Szenarien auszudenken oder Vorwände zu suchen. Sie liegt auch in der *Wahrheit unseres Seins* in unserem Verhältnis zu anderen. Ich bin schon gefragt worden, ob es möglich ist, das Gefühl zu haben, wahrhaftig zu sein, sich aber dabei gleichzeitig »etwas vorzumachen«. Ja, das geht zweifellos. Es ist eine Art Blindheit oder Hypnose ...

Was folgt daraus? Nun, bei solchen Fragen kann sich die Lösung nur allmählich im Loslassen finden, in der vertrauensvollen Haltung, von der hier schon die Rede gewesen ist.[21]

Eines ist sicher: Wenn sich wirklich die innere Wahrheit zum Ausdruck bringt, sind Urteile fehl am Platz.

---

[21] *Siehe 6. Kapitel: Vom Geschehenlassen zum Loslassen*

Was mache ich aus meinem Leben?

Gibt es eine zentralere Frage als diese, in einer Welt, die uns ständig zur Zerstreuung einlädt?

Auch wenn viele von uns alles tun, um ihr aus dem Weg zu gehen, aus Angst davor, was sich vielleicht dahinter verbergen könnte, bleibt sie unumgänglich, denn früher oder später holt sie jeden von uns ein.

Ist es denn einfach, uns ihr in unserer Gesellschaft zuzuwenden und uns um Klarheit zu bemühen? Sicherlich nicht, da unsere menschliche Gemeinschaft, die einen starken Hang zum Schlafwandeln hat, uns in ihrem Spiel ständig dazu verleitet, unsere Mitte zu verlieren. Aber um uns aus dem ermüdenden karmischen Rad des *Samsara* zu befreien, müssen wir vor allem dessen Achse suchen.

Unser innerer Frieden, unsere Wiedervereinigung mit uns selbst und unsere Versöhnung mit unserer ersten Identität lassen sich nur in einer willentlichen zentripetalen Bewegung erhoffen und finden. Die *Maya* unseres Universums hingegen neigt dazu, uns in ihren zentrifugalen Reigen hineinzuziehen.

Und wo liegt unsere heilige Achse? Nirgendwo anders als in unserem Herzen, denn es ist die feinstoffliche Verbindung mit seinem Keim-Atom, durch die uns das Gedächtnis unserer Essenz schließlich zurückgegeben werden kann.

Aber wie erreichen wir das wahre Herz, das hinter der fleischlichen Erscheinung einer Pumpe verborgen ist?

Auch da ist die Antwort individuell verschieden. Dennoch gibt es drei Hauptwege, die uns in jeder unserer Existenzen dazu einladen, uns ihm zu nähern.

Zwei davon habe ich auf diesen Seiten bereits erwähnt, ohne sie zu benennen: das Dienen am Beispiel von Sylvie und die Anbetung am Beispiel von Thérèse mit der rituellen Verehrung einer Geode als Ankerpunkt.

Der dritte Weg wird in Werken wie diesem hier angesprochen: Es ist der Weg des Studiums, um sich ganz allmählich dem Wissen zu nähern. Dieses Studium will nicht mental ausgerichtet sein und beinhaltet deshalb auch das Praktizieren verschiedener Disziplinen wie Meditation oder Atemkontrolle *(Pranayama)*.

Natürlich könnten wir auch noch von einem vierten Weg sprechen, einer vierten Speiche, die zur Achse des Rades führt. Es ist der so genannte »königliche« Weg, da mit ihm die drei anderen gleichzeitig praktiziert werden.

In den uralten Traditionen Indiens sind sie gut erfasst:

- *Karma Yoga oder der Weg des Dienstes an anderen. Er steht uns allen offen, unabhängig davon, welche Glaubensüberzeugungen wir haben.*[22]

- *Bhakti Yoga oder Weg der Verehrung durch Gebet und Opfergaben. Er gilt als der einfachste, denn er legt uns nahe, uns in vollem Vertrauen mit einer Tradition oder einem bestimmten geoffenbarten Glauben zu verbinden.*

[22] *Anzumerken ist hier, dass der Begriff Yoga hier in seinem ursprünglichen Sinne zu verstehen ist, nämlich als Vereinigung. Daher die Vorstellung eines Weges, der von einem Punkt zu einem anderen führt. Die Yogas, um die es hier geht, sind also von der Gesamtheit der Körperhaltungen zu unterscheiden, die Hatha Yoga genannt werden.*

- *Jnana Yoga oder Weg des Wissens, der zur Entwicklung des Supramentalen oder Nous und dann zum Selbst führen soll.*
- *Raja Yoga oder Weg der Synthese der drei vorgenannten.*[23]

Ausgehend von dieser »Kurzfassung« bin ich mir sicher, dass es für alle auf der Suche nach dem Sinn ihres Lebens, die es besser »bewohnen« möchten, von Nutzen ist, sich etwas Zeit zu nehmen, um herauszufinden, auf welcher Speiche des Rades sie sich gerade selbst wahrnehmen. Selbstverständlich können wir uns gleichzeitig auch auf mehreren Speichen oder Yogas »fühlen«.

Diese Innenschau kann uns andere, konstruktive Einsichten bringen, was unsere vergangenen, gegenwärtigen und künftigen Erfahrungen betrifft.

Es liegt nahe, dass es auch eine Übung in Ehrlichkeit und Klarsicht ist, die in einer Reihe von herausfordernden, »reinigenden« Fragen mündet, zum Beispiel:

»Welche Art von Seele manifestiere ich gerade? Ist sie wagemutig? Träge? Furchtlos? Furchtsam? Mutig und willensstark? Routiniert oder verschlafen?«

Dabei geht es nicht darum, sich für irgendetwas die Schuld zu geben oder sich selbst zu beweihräuchern, sondern darum, uns innerlich auf eine Transparenz zuzubewegen, die uns helfen wird zu wachsen. So öffnen wir uns unserer

[23] *In neuerer Zeit wurde ein fünfter Weg durch Mahavatar Babaji aus dem Himalaya offenbart. Es handelt sich um Kriya Yoga, das sich im Wesentlichen der Reinigung von Wesen, Körper, Seele und Geist widmet.*

Seelenfarbe, also der Absicht unserer Inkarnation, durch eine klarere Vision unserer Stärken und Schwächen.

Unsere Seelenfarbe finden

Wenn ich manchmal den Ausdruck *Seelenfarbe* verwende, denken einige mitunter, dass ich damit auf die vorherrschende Farbe einer Aura anspiele. Aber darum handelt es sich dabei nicht.

Ich spreche hier von Farbe wie von einem Duft, also davon, was die Besonderheit, die Essenz eines Wesens über seine oberflächliche Persönlichkeit hinaus ausmacht. Es geht dabei also um seine eigentliche Empfindsamkeit, um das vorherrschende Potenzial dessen, wovon es beseelt ist. Prosaischer und technischer ausgedrückt könnten wir sagen, um seine »Spezialisierung«.

Auch wenn wir alle vom selben *Quellpunkt* stammen und in unseren grundlegenden Funktionsweisen gleich sind, ist jeder von uns deshalb nicht weniger außergewöhnlich angesichts der unendlichen Vielfalt seiner Wege im Laufe der Zeitalter sowie der Daten und Materialien, die er angesammelt hat, um sich selbst aufzubauen ... Aus all dem ergibt sich seine vorherrschende Farbe oder sein grundlegender Duft.

Um das Motiv unserer Inkarnation besser zu verstehen, kann es interessant und nützlich sein, unseren Grundton herauszufinden, auch wenn wir zu verschiedenen Zeiten unseres Lebens natürlich auch sekundäre Töne zum Ausdruck bringen können.

Hier also einige Anhaltspunkte, die uns bei dieser Übung anleiten können. Ich möchte betonen, dass sie nicht mentaler Art sein soll, sondern zutiefst intuitiv, zum Beispiel, nachdem wir in einer Meditation zur inneren Leere gefunden haben.

Dabei geht es nicht um die Suche nach einem Gefühl oder Eindruck, sondern um ein Loslassen, um idealerweise zu einer Klarheit zu gelangen, deren Färbung auf unsere gegenwärtige »Speiche« der inneren Empfindsamkeit hinweist.

Wenn uns in diesem Bewusstseinszustand eine Antwort erscheint, machen wir daraus allerdings keine absolute Gewissheit, sondern eine einfache Grundlage zum Nachdenken und zur Verinnerlichung, um besser durch die Kapitel des Buches unseres Wesens zu blättern. Hier einige Hinweise, um uns in dieser kleinen Übung besser orientieren zu können:

Rot:	*Ausdruck von Macht durch den Willen*
Blau:	*Manifestation von Liebe und Weisheit*
Gelb:	*Intelligenz in Bewegung*
Orange:	*Ausdruck von Harmonie und Schönheit*
Grün:	*Konkrete Umsetzung des Wissens*
Violett:	*Ausdruck von Idealismus*
Weiß/ Goldfarben:	*Manifestation von Synthese und Organisationsgabe*

Auf der Suche nach unserer inneren Ausrichtung

Unsere Ausrichtung hin zu den multidimensionalen Wirklichkeiten, aus denen wir hervorgegangen sind, hängt von unserer Absicht und unserer Fähigkeit zur Zentrierung hin zum Essenziellen ab. Sie ergibt sich aus unserer Beziehung zum Gedächtnis unserer Achse und damit aus unserer Aufrichtigkeit bei unserer Suche. Mit Aufrichtigkeit beziehe ich mich dabei nicht nur auf die Rolle, die wir spielen, sondern auch auf das Akzeptieren des Stadiums, in dem wir uns gerade wirklich befinden ... über unsere Einbildung hinaus.

Durch diese Ausrichtung, die sich aus der Synchronisierung von Körper, Geist und Seele ergibt, entsteht unser inneres Gleichgewicht. Es ist ein Gesamtzustand, der keinesfalls einem Ideal entspringen sollte, an dem wir »kleben«, indem wir versuchen, mit unserem Seelenvertrag herumzutricksen.

Ich bestehe also auf Bescheidenheit, die in keinem Leben fehlen darf, wenn wir daran wachsen wollen. Denn es ist die diskrete Macht der Bescheidenheit, die hinter unserer vergänglichen Maske am Ende immer den Schauspieler in uns offenbart, der sich bewusst ist, nur eine episodische Rolle zu spielen.

Natürlich gibt es Zeichen, Barometer, könnte man sagen, die darauf hinweisen, wie es um unsere innere Ausrichtung bestellt ist:

Je besser wir innerlich ausgerichtet und in Harmonie mit unserem Fahrplan, also im Einklang mit dem Takt unserer

Seele, sind, desto mehr bringen wir auf unserem Lebensweg eine Form von Dynamismus oder zumindest von allgemeiner Resilienz zum Ausdruck, ungeachtet der Hürden, die unterwegs auftauchen.

Ein funkelnder Blick, ein wahrhaftiges Lächeln sagen viel darüber aus ... Es muss gar nicht großartig unter Beweis gestellt werden! Natürlich hat diese innere Einstellung und Stärke nichts mit den propagierten »Erfolgs«vorstellungen unserer zerstreuten Gesellschaft zu tun, sondern mit persönlicher Errungenschaft, sogar - und oft - auf einer Stufe, die sehr einfach wirken kann.

»Etwas zu tun« hat es allerdings mit einer insgeheimen Freude, die keinen Lärm macht, sondern imstande ist, still und leise eine Art Zauber in unseren Alltag zu bringen ... und mit einem Humor, der wie ein subtiles Desinfektions- und Wundheilungsmittel wirkt.

Oft vergessen: Die Vergebung

Es heißt ja, die Zeit heile alle Wunden. Und das stimmt gewiss auch, denn im Laufe des Lebens schafft sie es glücklicherweise oft, eine Menge davon zu verarzten. In jedem Fall mildert sie sie in der inkarnierten Persönlichkeit etwas ab.

Doch es gibt noch eine andere Art von Zeit. Sie überspannt von weit oben unsere klassische Wahrnehmung der Jahre, Jahrzehnte und Jahrhunderte. Es ist die Zeit unserer Seele, ihres Rhythmus, und mithilfe der erwähnten Datenbank, die unser Keim-Atom darstellt, sammelt sie all die Informationen an, die aus unseren unzähligen Erlebnissen hervorgegangen sind.

Diese Zeit ist es, die beim Ausdruck des Karmas wirklich zählt, denn auf ihrer Ebene bedeutet das Phänomen des Vergessens oder der Abschwächung von Erinnerungen nichts weiter als eine vorübergehende Benommenheit der Ego-Persönlichkeit.

Damit will ich sagen: Die inkarnierte Persönlichkeit kann zwar die Folgen einer erlittenen oder zugefügten Verletzung vergessen oder größtenteils lindern, aber ihr vorgelagert speichert die Schwingungswirklichkeit der Seele das Erlebte weiterhin. Das Vergessen kann zwar wie ein Radiergummi sein, der Geschriebenes entfernt, aber die Geste des Schreibens bleibt weiter wie ein filigranes Wasserzeichen auf dem Papier bestehen ... ganz zu schweigen von ihren Folgen in Form energetischer Belastungen.

Ja, sie bleibt bestehen – es sei denn, dass sie von einer anderen Energie überstiegen und transzendiert wurde, die eine wahrhaft aufsteigende Macht ist: die Macht der Vergebung. Es ist die Vergebung, die wir jemandem schenken, der uns verletzt hat, und/oder unsere Vergebung gegenüber uns selbst, je nachdem.

Ich sage bewusst »schenken« und nicht »gewähren« und hoffe, dass hier gut verstanden wird, wie wichtig die Unterscheidung zwischen den beiden Begriffen ist.

Etwas Gewährtes oder Eingeräumtes ist immer etwas ganz anderes als etwas Geschenktes, denn die Energie des alltäglichen Denkvermögens und der ihn charakterisierenden Vernunft ist nicht vergleichbar mit der Energie des Herzens und seines liebevollen Atems.

In Wirklichkeit hat Unwissenheit, in der wir sowohl individuell als auch kollektiv verharren, dafür gesorgt, dass wir diese grundlegende Wahrheit nicht verstanden und noch viel weniger verinnerlicht haben: Die Abwesenheit oder das Fehlen von Vergebung ist der Brennstoff allen Karmas, also aller unserer Irrwege und Leiden.

Natürlich legen die allermeisten Traditionen unserer Welt Wert auf »die Pflicht zur Vergebung«. Aber wie viele von uns, ob gläubig oder nicht, verstehen wirklich ihren tiefen Sinn? Die absolute Notwendigkeit zur Vergebung übersteigt bei Weitem die Befolgung irgendeines Glaubensbekenntnisses oder einer einfachen moralischen Regel. Sie verweist uns zurück auf die Kohärenz dessen, was ich das »Gesetz des Lebendigen« nenne. Es ist ein Prinzip, das die essenzielle Fluidität des Lebens zum Ausdruck bringt, das ständig durch uns strömen möchte.

Ich denke, es liegt nahe, dass Vergebung die Schwester des Mitgefühls ist, dieser tröstenden Kraft der Liebe, die es uns ermöglicht zu erkennen, dass die schmerzvolle Unvollkommenheit der anderen uns auf unsere eigene zurückverweist.

Es ist äußerst wichtig, die Offensichtlichkeit verstehen zu lernen, dass die Eins nur durch die Zwei existiert und auf diese Weise die Drei erzeugt wird … die schließlich zum

Einen zurückführt. Mit anderen Worten: »Ich bin nur, weil Du bist, und deswegen sind Wir.«

Für und durch diese natürliche, heilige Mathematik ist Vergebung die absolute Wundertäterin der Liebe. Sie ist die erste und letzte Versöhnerin, durch die unser Karma sich in der Illusion des Labyrinthes erschöpft, dessen Umrisse wir selbst gezeichnet haben.

Sowohl auf der Ebene der Völker als auch der Wesen, die wir darin sind: Lernen wir also, nicht mehr einfach nur darauf zu hoffen zu vergessen, sondern zu vergeben. Dies ist der königliche Weg, den wir ohne zu zaudern einschlagen müssen, um uns neu auszurichten, uns neu zu zentrieren und durch die Sublimierung unserer Erinnerungen *das* Gedächtnis wiederzufinden.

Das ist es, was ich Ihnen und uns allen wünsche, nicht als vage Hoffnung für eine unklare Zukunft, sondern als Notwendigkeit und sogar Dringlichkeit, die es von jetzt an zu inkarnieren gilt.

ANHANG

Die folgenden Texte sollen als Stütze zur Meditation oder zum Gebet dienen. Sie richten sich grundsätzlich an alle, die einen offenen spiritualistischen und mystischen Ansatz verfolgen. Tatsächlich gehen sie weit über den Weg der Reflexion dieses Buches hinaus, obwohl sie gewissermaßen auch seine logische Verlängerung sind.

Sie haben die Form dreier »Anrufungen«, die auf drei Manifestationsebenen des Lebens erfolgen: der körperlichen, emotionalen und spirituellen Ebene.

Jede ist aus Forschungen in der Akasha-Chronik hervorgegangen.

Sie können sie entweder in Ihrem Bewusstsein rezitieren oder sie laut aufnehmen und regelmäßig anhören, um sie sich in einem meditativen Zustand besser einzuprägen und ihren heilenden Aspekt besser wahrzunehmen.

Anrufung zur Reinigung des Körpers

Meditativer, ritueller Text shivaitischen Ursprungs

Du Urkeim meines Wesens, dank der Gnade des göttlichen Lebensatems, der alles erschüttert:

- Ich danke dir, Essenz meines Fleisches, für die Formen, die meine waren, und für die, die meine ist an diesem Tag.
- Ich danke dir für die Lehre der Illusionen, die du mir erteilt hast und mir weiterhin erteilst.
- Ich danke dir, Wiege der Manifestation meines Fleisches, für das Geschenk der Erinnerungen und für die Form der Türen, die sie in meinem Wesen zeichnen.
- Ich danke dir für deine Einladung, ihre Schwelle zu überschreiten.
- Ich danke dir für die Gegenwart der Erde in meinem Fleisch, für die Wüsten, die sie es durchqueren ließ und weiterhin durchqueren lässt, denn durch sie ist in mir der Wunsch nach Wasser entstanden.
- Ich danke dir dafür, mir zu erlauben, das Gedächtnis des Ganzen zu bewahren, das alles reinigt.

Du Urkeim meines Wesens, dank der Gnade des göttlichen Lebensatems, der alles erschüttert:

- Ich bitte die Essenz, die sich im Innersten meiner Form verbirgt, mir das Fundament meiner Erinnerungen zu zeigen, das Gedächtnis meiner Ängste und Qualen. Lass ihr Wasser wieder an meine Oberfläche steigen, auf dass ich es betrachte, jenseits aller Irrungen.

- Möge dieses Wasser mich Mut, Klarsicht und Willenskraft lehren.
- Ich bitte dich, Begründerin der Ozeane der Gefühle meiner Formen, mich zu lehren, die Segel des gerechten Blicks, der Vergebung und der Versöhnung aller meiner verletzten und verletzenden Erinnerungen zu setzen.
- Möge dein Wasser mir den Fluss des Mitgefühls zeigen und bewirken, dass ich dort mein Boot baue.
- Ich bitte dich, Spiegel der himmlischen Wasser in meinen Eingeweiden, mich die Kunst zu lehren, die trüben Wasser meiner Form als Dunst aufsteigen zu lassen und dem Feuer des Zenits darzubieten.

Du Urkeim meines Wesens, dank der Gnade des göttlichen Lebensatems, der alles erschüttert:

- Ich bitte die Essenz, die sich im Innersten meiner Form verbirgt, dass sie ohne Umschweife dem göttlichen Geist erlauben möge, in meinen stofflichen Körper einzudringen. Ich fürchte mich nicht vor Seinem Sturm, denn es heißt, dass Seine Wellen die Vision des Friedens tragen.
- So bitte ich die Essenz meiner Essenz, im Feuer der Gefühle, die meine Form bewohnen, den Geist bis zu meinen Fußsohlen herabsteigen zu lassen.

- Ich fürchte Seine Verwüstungen nicht, denn jede Seiner Erschütterungen zerreißt den Vorhang der Eitelkeiten und des Schlafs.

- Ich bitte die Essenz meiner Essenzen und meiner Formen, mich zu lehren, die Illusion dieser Formen zu erkennen, denn auch aus ihrer Betrachtung und Achtung wird die ultimative Reinigung entspringen.

- Ich fürchte die Beben dessen nicht, das ich mir vorstelle zu sein, denn so wird die gerechte Befreiung der Erde in meiner Mitte vonstattengehen.

Anrufung zur Reinigung der Gefühle

Meditativer, ritueller Text buddhistisch-theravadischen Ursprungs

- Oh, Maske meiner selbst, wer bist du?
  Wer hält die Zügel deines Pferdes?
  Wer lenkt diese Form, die sich jeden Morgen anspannt und aufbäumt?
  Wer ist es, der ständig »mein« und »ich« sagt? Was ist dieses Trugbild, das Das, was ihm vorausgeht, verabscheut und vorgibt, über Es zu herrschen?

- Oh erwachtes Prinzip, von dem meine Form nichts weiß, zeige mir den Weg, auf dem das Tier zu zähmen ist.
  Zeige mir die Rückseite der Kulisse und das Licht, um sie zum Schmelzen zu bringen.

- Oh Maske meiner selbst, bis wohin reicht deine Lüge?
  Welchen Namen trägt sie? Wo versteckt sie sich?
  Und an welcher Nahrung weidet sich diese Form, die jeden Morgen ihre Nacht verlängert, indem sie »mein« und »ich« sagt, im Takt der Wolken?
  Was ist dieser Mond in meiner Mitte, der sich den Namen der Sonne aneignet und mich mit Dunkelheit erfüllt?

- Oh erwachtes Prinzip, von dem meine Form nichts weiß, zeige mir den Weg, auf dem die Bestie zu zähmen ist.
  Zeige mir den wahren Horizont und die Kraft, dorthin zu gelangen.

- Oh Maske meiner selbst, was ist dein wahrer Name? Und was ist der Name des Raums, den du verkündest? Mit welchem Blick willst du nun leben, auf dass dich jeden Morgen die Macht der Hingabe veranlasst aufzustehen? Lass mich die Nacktheit des Allseins kosten, auf dass meine Kleidung aus Licht bestehe.

- Oh erwachtes Prinzip, von dem meine Form nichts weiß, zeige mir den Weg hin zu dem, der nicht mehr ich ist, sondern das Unendliche, das sich nicht mehr benennt, um Sich schließlich wiederzuerkennen.

- Form, hinter der jedes Licht sich in mir verbirgt, wisse, dass ich nicht das Gewitter meiner Gefühle bin.

- Listige Form, die den Ozean meiner Anmaßungen und Ängste erschüttert, vernimm den Wind des Friedens, den ich von nun an herbeirufe.

- Form verletzter Zartheit, die meine Schwächen und mein Fehlverhalten birgt und rechtfertigt, vernimm den Atem der Liebe, den ich von nun an sich erheben lasse.

- Rebellische Form, die im Rhythmus des Feuers ihrer Eingeweide herrschen und für Unruhe sorgen will, vernimm die Brise der Befreiung, die von nun an meine Fesseln löst.

- Form, hinter der jedes Licht sich in mir verbirgt, wisse, dass ich nicht der Wirbel meiner Gedanken bin.

- Besitzergreifende Form, versklavt von der Liebe zu Einzäunungen und verschlossenen Türen, wage es, den

Horizont zu betrachten, denn von nun an hast du keinen Diener mehr in meiner Mitte.

- Ungeliebte Form, Maske, mit der ich mich verwechsle, erlerne von nun an das Verlernen. Verlerne dich selbst, auf dass das »Ich« und »Du« das Labyrinth ihres Namens vergessen.
- Präsenz in mir, durchquere nun den Raum, in dem sich die Entfernungen vergrößert haben! Finde dein inneres Auge, indem du nicht mehr suchst, was von nun an da ist ...
- Unendliche Sonne des Erwachten, der Blick in meiner Mitte dankt Deinem Auge dafür, ihm das Spiel der Schatten gezeigt zu haben.
- Möge das Herz in meiner Mitte Dein Herz anerkennen können dafür, es die Liebe gelehrt zu haben, die Grenzen überwindet.
- Möge der Geist in meiner Mitte Deinen Geist empfangen können dafür, ihn eingeladen zu haben, den Raum des Deinen zu erleben ...

Der keinen Namen hat,
Der keine Bedingungen hat,
Der keine Form hat,
Der keine Zeit hat,
Der kein Ende hat, Der IST.

Anrufung zur Verbindung mit dem Geist des Allseins

Meditativer, ritueller Text, inspiriert von den Meistern der Weisheit der Bruderschaft von Shambhalla

- Vom Gipfel meiner Form aus, an diesem Tag, der heilig sein möge, sehe ich dich, mein Leben.
- Ich lese deine Furchen in meinem Fleisch und laufe durch das Labyrinth der Wege, die du mir eröffnet, und jener, die du vor mir verschlossen hast.
- Ich koste von den Erinnerungen an ihre Aromen, aber auch von der Lehre ihrer Bitterkeit.
- Gesegnet sei diese Lehre, denn vom Gipfel meiner Form aus, an diesem Tag, erkenne ich ihre weise Ordnung und ganze Macht.
- Für diesen Blick danke ich dir, mein Leben, denn du bist, was mir geliehen wurde, auf dass ich mir meine Essenz vergegenwärtige.
- Vom Gipfel meiner Seele aus, in dieser Stunde, die heilig sein möge, umarme ich dich, mein Leben.
- Ich akzeptiere die Wirbel deiner Gefühle, die Wellen der Gedanken, die dich durchquert haben, und blicke durch den Spiegel deiner erfüllten oder enttäuschten Hoffnungen.

- Ich lächle angesichts der Bilder deines Aufstiegs und Falls, die dich gelehrt haben, dich wieder aufzurichten.
- Gesegnet sei dieses Lächeln, denn vom Gipfel meiner Form aus, in dieser Stunde, erkenne ich seine ganze Intelligenz und liebevolle Weisheit.
- Von dieser Höhe aus danke ich dir, mein Leben, denn du bist, was mir geliehen wurde, auf dass ich meine Essenz wiedererkenne.
- Vom Gipfel meines Geistes aus, in diesem Moment, der heilig sein möge, betrachte ich dich, mein Leben.
- Ich finde meine Quelle wieder zwischen deinen Linien, und ich begrüße ihren Verlauf, weil er immer vom Ziel erzählt hat.
- Ich erwache zu der wahren Erinnerung, die alle Gedächtnisinhalte vereint hat, aber auch zu Der, die sich von dem Traum der Vorstellungen eines Außen und Innen, eines Gestern und Morgen gelöst hat.
- Gesegnet sei diese Gegenwart, denn vom Gipfel meiner Form aus, in diesem Moment, erkenne ich ihr ganzes Licht und unendliches Mitgefühl.
- Von diesem Raum aus, in dem sich alles zusammenfügt, danke ich dir, mein Leben, weil du bist, was mir geliehen wurde, auf dass ich mich mit meiner Essenz vermähle.

Oh Seele meiner Seele,
Juwel meines Geistes,
Ich weiß dich dort, in der Mitte meiner Mitte.
Du bist mein Kontinent des Friedens,
Du bist mein Ozean ohne Sturm,
Mein Feuer des Mitgefühls
Und mein Atem des Seins.
Künde mir von Deiner Gegenwart,
Lass mich Dich fühlen und kennenlernen.
Rufe mich dazu auf, in Dich herabzusteigen,
Um besser in dich hinaufzusteigen.
Oh Seele meiner Seele,
Aus dem Allsein geborenes Juwel,
Empfange mich, auf dass ich mich in Dir
wiedererkenne.

- Herz meines Herzens, Atem des Göttlichen in meiner Mitte, Gedächtnis der ewigen Gegenwart, nimm in diesem heiligen Moment meine Bitte entgegen.
- Hilf mir, die Kraft zu finden, Herrscher meiner Seele und Diener des Lebens zu sein.
- Hilf mir, unermüdlich danach zu streben, dass die Liebe unter jedem meiner Schritte, hinter jeder meiner Gesten, in jedem meiner Worte und in jedem meiner Gedanken hervorbricht.

- Möge mein Atem für immer den Atem jedes lebenden Wesens unterstützen.

- Mögen meine Hände alles, was ist, erleichtern, mein Blick alles, was ist, erhellen, meine Worte alles, was ist, unterweisen.

- Möge die Sonne der Ewigkeit in diesem Moment den Überschwang meiner Seele auffangen.

- Herz meines Herzens, höre mich das feierliche Gelöbnis ablegen, für immer und unter allen Himmeln der Gegenwart des Lebendigen zu dienen ...

ÜBER DEN AUTOR

Daniel Meurois wurde 1950 in Frankreich geboren. Er betätigt sich als ein wahrhafter Erforscher neuer Bewusstseinsebenen und ermutigt uns unablässig, die Multidimensionalität unseres Universums auf eine ganz andere Art zu betrachten. Ebenso fordert er uns auf, dass wir - auf der Suche nach unserer Identität - zunehmend eine neue Sicht von uns selbst entwickeln. Doch hinter dem kühnen Philosophen und Lehrer verbirgt sich auch ein authentischer Schriftsteller, dem es sehr an einer Schönheit der Sprache gelegen ist ... damit diese die Schönheit des Lebens entsprechend zum Ausdruck bringt.

Das literarische Werk von Daniel Meurois ist vielseitig, beeindruckend, mitunter auch überraschend, und dabei immer außergewöhnlich und bahnbrechend.

Nicht ohne Grund sind viele der Bücher, die er im Laufe seiner über vierzigjährigen Tätigkeit als Autor geschrieben hat, internationale Bestseller geworden. Seine 42 Bücher und über 100 Veröffentlichungen in 17 verschiedenen Sprachen machen ihn sicherlich zu einem der Pioniere des Neuen Bewusstseins ... zu einem Wahrheitsforscher, der getreu Zeugnis von seiner Arbeit ablegt und dabei mutig das Universum des Geistes erkundet.

Heute lebt Daniel Meurois in der Nähe von Québec und arbeitet unermüdlich daran, die Herzen der Menschen durch seine einzigartige literarische Arbeit, seine Seminare und Vorträge zu öffnen.

www.danielmeurois.com

224 Seiten, broschiert
ISBN 978-3-89845-598-5
€ [D] 22,00

Daniel Meurois

Das große Buch der Akasha-Chronik

Der Zugang zum universellen Weltengedächtnis

Daniel Meurois beweist, dass er sich kraft seines Bewusstseins durch die Zeit bewegen kann. Er beschreibt, wie er Zugang zur Akasha-Chronik erlangt und durch welche Arten des Reisens er sich in der Zeit bewegt. Er erläutert die Anatomie der Akasha-Chronik und lässt uns teilhaben an seinen realen Erfahrungen aus den Tiefen der Zeit. Damit bietet er uns einen einmaligen Einblick in das universelle Weltengedächtnis, durch den wir entdecken, dass die metaphysische Erfahrung der Raum-Zeit-Dimension die Tür zum Göttlichen in uns selbst weit öffnet.

208 Seiten, broschiert
ISBN 978-3-96933-022-7
€ [D] 16,00

Daniel Meurois

Karmische Krankheiten

Wie wir sie erkennen, verstehen und überwinden

Erkenne den Ursprung karmischer Krankheiten und heile Körper und Seele. Anhand vieler Fallbeispiele beschreibt der Autor, was die Ursachen von verschiedenen Krankheiten sein können und welche Rolle Erinnerungen aus früheren Leben dabei spielen. Sie werden in neue Bereiche vordringen und den karmischen Ursprung einer Krankheit verstehen. Dies ist der Beginn einer inneren Entwicklung, die uns seelisch und körperlich heilen lässt. Mit über 25 Jahren Erfahrung im Auralesen hat Daniel Meurois tausende von Fällen untersucht. Jetzt teilt er mit uns seine Entdeckungen auf diesem Gebiet.

144 Seiten, Klappenbroschur
ISBN 978-3-89845-682-1
€ [D] 16,00

Daniel Meurois

Die Jesus-Methode

So reinigst du deine 8 Energiezentren

Abgesehen von der Lehre, die Jesus seinen Anhängern und Aposteln vermittelte, gibt es noch eine andere, die weit weniger bekannt ist. Sie wurde nur einem engen Kreis von Jüngern zuteil. Einige praktische Aspekte dieser Lehre sind die acht Übungen zur Reinigung der Chakren. Zu den bekannten sieben Hauptchakren kommt ein achtes hinzu, das rein geistiger Natur ist und uns als Sitz der Seele mit unserem Höheren Ich verbindet. Ein leicht zugängliches Handbuch, welches dazu beiträgt, den menschlichen Körper ins Gleichgewicht zu bringen und die geistige Entwicklung positiv zu beeinflussen.

384 Seiten, broschiert
ISBN 978-3-89845-521-3
€ [D] 19,95

Daniel Meurois

Jesus' Jüngerinnen

Das geistige Erbe der drei Marien

Christus hatte nicht nur männliche Begleiter, sondern auch weibliche, unter denen sich insbesondere die drei Marien hervortaten: Maria-Magdalena, Maria-Jakobea und Maria-Salome. Nehmen Sie an der Begegnung der drei Frauen teil und lernen sie den Mensch Jesus und dessen Lehren aus weiblicher Perspektive kennen.
Erstaunlich leicht lässt sich Jesus' Lehre auf die Gegenwart übertragen und kann zum Schlüssel einer geistigen Erhebung werden, die wir in den heutigen, bewegten Zeiten so dringend brauchen.

256 Seiten, broschiert
ISBN 978-3-96933-023-4
€ [D] 22,00

Marie Johanne Croteau-Meurois

Die Wunder der heiligen Jüngerinnen Maria Jakobea & Maria Salome

Nach dem Tode Jesu und auf der Flucht vor den Römern machen sich eine Gruppe Jünger, unter ihnen die Jüngerinnen und späteren Heiligen Maria Jakobea und Maria Salome, auf eine Reise ins Ungewisse. Durch die Augen Salomes lässt uns die Autorin an wahren Ereignissen teilhaben; von der Schiffsfahrt von Galiläa in die französische Camargue, wo Salome selbst sowie Martha, Miriam und vor allem Jakobea die Heilkunst, die Jesus sie gelehrt hat, praktizieren werden.
Ein Buch das ein Zeitzeuge ist für das Erbe der heiligen Jüngerinnen und Christi selbst.

208 Seiten, broschiert
ISBN 978-3-89845-640-1
€ [D] 20,00

Daniel Meurois

Maria Magdalena – das wahre Evangelium

Bis vor kurzem war der Öffentlichkeit völlig unbekannt, dass Maria Magdalena die Inspirationsquelle eines Evangeliums ist. Das Manuskript, welches ihren Namen trägt, wurde Ende des 19. Jahrhunderts entdeckt. Der Text ist faszinierend ... war aber leider unvollständig, zahlreiche Seiten fehlten.
Daniel Meurois hat sich ins Gedächtnis der Zeit vertieft und macht uns dadurch ein großes Werk ganz neu zugänglich: das verschollene Evangelium der Maria Magdalena.

480 Seiten, gebunden
ISBN 978-3-96933-044-9
€ [D] 28,00

Daniel Meurois

Jesus. Die unbekannten ersten dreißig Jahre

Die Zeit des Erwachens

Lange verborgen, jetzt offenbart – Jesu verschollene Jahre.
Alles Überlieferte begann, als Jesus schon ein erwachsener Mann war, das Wort Gottes predigte und bereits Wunder vollbrachte. Aber was wissen wir über sein Leben davor? Über seine Kindheit, seine Jugend?
Daniel Meurois liefert uns nun einen lückenlosen Bericht aus der Akasha-Chronik über das Leben Jesu Christi – die wohl geheimnisvollste, aufregendste und bedeutsamste Figur der Menschheitsgeschichte.

736 Seiten, gebunden
ISBN 978-3-96933-053-1
€ [D] 36,00

Daniel Meurois

Jesus. Die wahrhaftige Aufgabe und seine Jahre nach der Kreuzigung

Die Zeit der Vollendung

Daniel Meurois gewährt uns Einblicke in Jeshuas (Jesus) Erwachsenenjahre und die Zeit nach der Kreuzigung bis zu seinem Tod im hohen Alter. Er enthüllt die wahre Rolle von Judas sowie bislang unbekannte Lebensstationen von Jesus, wobei deutlich wird, dass er während seines Erdenlebens eine bedeutende Aufgabe zu erfüllen hatte. Die Taufe am Jordan markierte den Anfang seiner irdischen Mission, doch sein Wirken ging weit darüber hinaus. Daniel Meurois ermöglicht es uns, Jesu wahre Natur besser zu verstehen – auch indem wir von Lehren erfahren, die bislang im Verborgenen blieben.

232 Seiten, broschiert
ISBN 978-3-96933-078-4
€ [D] 22,00

Daniel Meurois

Advaïta – Einssein mit allem

Befreie das Göttliche in dir

Dieses Buch möchte unsere Ängste und Sorgen, Irrwege und Leiden lindern sowie uns einen Raum des Friedens und Einsseins in uns selbst aufzeigen. Der Zustand, durch den dieser innere Raum erfahren wird, heißt Advaïta.
Durch eingehende Erläuterungen, Anekdoten und Betrachtungen sowie praktische Übungen und Meditationen führt Daniel Meurois in die von tiefer Weisheit geprägte Tradition ein und zeigt, dass die Befreiung des Göttlichen in uns selbst, das unvermeidliche Ziel aller werden kann.

238 Seiten, broschiert
ISBN 978-3-89845-194-9
€ [D] 16,00

Anne Meurois-Givaudan & Dr. med. Antoine Achram

Auralesen und alte Therapien der Essener

Von der Autorin des Bestsellers »Essener Erinnerungen«

Wenige Bücher über das Thema Heilen gehen so weit wie dieses im Bezug auf das Verständnis von Krankheiten, denn hier werden diese als eine Reaktion auf feinstofflicher Ebene interpretiert und auch auf dieser behandelt – ein bemerkenswerter Ansatz zum Verständnis der energetischen Medizin. Eine interessante Einführung in eine vergessene Heiltechnik, die von der Autorin seit vielen Jahren mit großem Erfolg angewandt wird.

160 Seiten, broschiert
ISBN 978-3-89845-387-5
€ [D] 15,00

Daniel Meurois-Givaudan

Die ungeborene Seele

Trost und Hoffnung nach Fehlgeburt und Abtreibung

Einfühlsam und eindringlich berichtet Daniel Meurois über den Weg der Frauen und Paare, die den Verlust eines ungeborenen Kindes verkraften müssen und sich der Problematik von Abtreibungen, der Bitternis von Fehlgeburten und den oft so schmerzlichen Fragen rund um komplizierte Geburten stellen müssen. Damit reicht er mit diesem Buch all jenen die Hand, die nicht mehr wegschauen, sondern ihre Verletzungen und Wunden heilen wollen.

Ein wohltuender Leitfaden, der hilft, einen banalisierten, verheimlichten und oft verleugneten Schmerz zu überwinden.

240 Seiten, broschiert
ISBN 978-3-89845-352-3
€ [D] 16,00

Trutz Hardo

Wiedergeburt – Die Beweise

... und die Bedeutung für ein neues Bewusstsein

Trutz Hardo berichtet von 39 interessanten Reinkarnationsfällen, die die Tatsache, dass wir wiedergeboren werden, stichhaltig belegen.

Neben den Forschungsergebnissen des Psychiaters Ian Stevenson, die hauptsächlich aus Reinkarnationsbeweisen von Kindern resultieren, liefert Trutz Hardo auch überzeugende Beweise, die von Erwachsenen erbracht worden sind. Er belegt eindrucksvoll, wie das Wissen um die Wiedergeburt die Sicht auf unser heutiges Leben verändern kann. Diese Fälle zeigen: Es gibt keinen Zweifel mehr an der Wiedergeburt – die Reinkarnation ist endgültig bewiesen.

192 Seiten, durchg. bebildert und farbig, gebunden
ISBN 978-3-89845-349-3
€ [D] 36,95

Buch mit CD:
Bestellnr. 1000600 · € [D] 49,95

Trutz Hardo

Geschichte der Reinkarnation

Das Wissen um die Reinkarnation war zu allen Zeiten und in allen Kulturen lebendig. In Indien wurde die Reinkarnation bereits vor 3000 Jahren dokumentiert, in Europa waren es die alten Griechen, die den Glauben an wiederholte Erdenleben lehrten. Mit dem Aufkommen der Aufklärung erfasste die Idee der Reinkarnation fast alle denkenden und dichtenden Geister. Trutz Hardo zeichnet die Geschichte der Reinkarnation von ihren Anfängen bis heute nach. Lassen auch Sie sich überraschen von faszinierenden Details der Reinkarnationsgeschichte und von vielen Berühmtheiten, die den Reinkarnationsgedanken lebten, von denen Sie es kaum erwartet hätten.

256 Seiten, broschiert
ISBN 978-3-96933-092-0
€ [D] 22,00

Marie Johanne Croteau-Meurois

Einblicke in die unsichtbare Welt

Begegnungen mit dem Jenseits und seinen Erscheinungsformen

Marie-Johanne Croteau-Meurois berichtet von ihren erstaunlichen Kontakten mit der unsichtbaren Welt und beleuchtet, was es mit den zahlreichen Bewusstseinsebenen auf sich hat, die wir nach dem Verlassen der irdischen Welt betreten. Wir erfahren, was den Mythen von Hölle, Fegefeuer und Paradies tatsächlich zugrunde liegt. Sie lässt uns auf eine sehr authentische und einfache Art an ihren täglichen Erfahrungen als Seelenbegleiterin teilhaben und lehrt uns auf liebevolle Art, den Sinn unseres eigenen Lebens besser zu verstehen und uns mit unserem unvermeidlichen Lebensende auszusöhnen. Sie lässt uns einen Anflug von Hoffnung spüren …

336 Seiten, mit Farbteil, broschiert
ISBN 978-3-89845-609-8
€ [D] 18,00

Marie Johanne Croteau-Meurois

Der unerwartete Tod und die Geburt in den Himmel

Erfahrungen einer Seelenbegleiterin

Was geschieht, wenn jemand ganz plötzlich aus dem Leben gerissen wird? Anhand von 12 authentischen Zeugnisse von Verstorbenen, die dieses Leben oft unter dramatischen Umständen verlassen haben, gibt Marie Johanne Croteau-Meurois tiefe Einblicke in Bewusstseinszustände »an der Schwelle«.
Dieses mit großem Mitgefühl geschriebene und inspirierende Buch ist ein Quell des Trostes und der Hoffnung. Es eröffnet eine ganz neue Sicht auf den »Sinn des Lebens« und die Frage, wie es »nach dem Tod« weitergeht …

Weiterführende Informationen zu
Büchern, Autoren und den Aktivitäten
des Silberschnur Verlages erhalten Sie unter:
www.silberschnur.de

Natürlich können Sie uns auch gerne den
Antwort-Coupon aus dem beiliegenden
Lesezeichenflyer zusenden.

Ihr Interesse wird belohnt!